I0555177

www.ingramcontent.com/pod-product-compliance
Lightning Source LLC
Chambersburg PA
CBHW041627140626
46547CB00031B/1106

* 9 7 8 1 9 9 7 8 2 6 0 0 2 *

شکوفا شدن در دنیای ناپایدار

آموزش‌ها و راهبردهایی از متخصصانی از سراسر جهان

تأییدشده توسط دکتر تال بن‌شاهار
استاد سابق دانشگاه هاروارد و
نویسندهٔ کتاب پرفروش شادتر

NORTHSTAR SUCCESS

شکوفا شدن در دنیای ناپایدار

آموزش‌ها و راهبردهایی از متخصصانی از سراسر جهان

شابک: ۲-۰۰-۹۹۷۸۲۶-۱-۹۷۸

این اثر یک کتاب غیرداستانی است، اما ممکن است در بعضی از فصل‌ها از داستان‌هایی استفاده شده باشد. هرگونه شباهت اسامی، مشخصات فردی و جزئیات مربوط به افراد، اعم از زنده یا درگذشته در داستان‌های این کتاب کاملاً تصادفی و غیرعمدی است. مسئولیت محتوا و نظرات

بیان‌شده بر عهدهٔ نویسندگان است. از ابزارهای هوش مصنوعی برای ترجمه و ویرایش محتوای تهیه‌شده توسط نویسندگان استفاده شده است. تمام محتوای ترجمه‌شده یا ویرایش‌شده به کمک هوش مصنوعی با کلیهٔ دستورالعمل‌های محتوایی مطابقت دارد.

خواننده مسئولیت کامل اقدامات و نتایج حاصل از آن‌ها را بر عهده دارد. در صورت نیاز به مشاورهٔ تخصصی یا حقوقی، خوانندگان باید از خدمات یک متخصص ذی‌صلاح بهره‌مند شوند. لطفاً برای سفارش‌های عمده جهت اهداف تبلیغاتی، جمع‌آوری کمک‌های مالی، مصارف آموزشی، و همچنین برای اطلاع از تخفیف‌های ویژه با شرکت موفقیت ستارهٔ شمال تماس بگیرید. امکان تهیهٔ گزیده‌هایی از کتاب بر حسب نیاز وجود دارد.

اعلان علائم تجاری: تمام نام‌های تجاری و نام‌های محصولاتی که در این کتاب استفاده شده‌اند، علائم تجاری، علائم تجاری ثبت‌شده یا نام‌های تجاری متعلق به صاحبان مربوطهٔ خود هستند. شرکت موفقیت ستارهٔ شمال با هیچ‌یک از محصولات یا فروشندگان ذکرشده در این کتاب ارتباطی ندارد.

منتشرشده توسط شرکت موفقیت ستارهٔ شمال

🌐 www.northstarsuccess.com

✉️ support@northstarsuccess.com

📞 +۱ ۶۴۷ ۴۷۹ ۰۷۹۰

«کتاب **شکوفا شدن در دنیای ناپایدار** سرشار از توصیه‌های مبتنی‌بر شواهد است که می‌تواند به شما کمک کند زندگی شادتر و سالم‌تری داشته باشید. این کتاب با ادغام داستان‌های الهام‌بخش و پژوهش‌های دقیق، می‌تواند زندگی شما را بهتر کند.»

دکتر تال بن‌شاهار
نویسنده، مدرس، استاد سابق دانشگاه هاروارد و چهرۀ پیشرو در حوزۀ روان‌شناسی مثبت‌گرا
نویسندۀ کتاب پرفروش شادتر

دکتر تال بن‌شاهار، نویسنده و مدرس برجسته، از متخصصان شناخته‌شدۀ بین‌المللی در حوزه‌های روان‌شناسی مثبت‌گرا و رهبری است. او مدرس یکی از محبوب‌ترین دوره‌های درسی دانشگاه هاروارد در زمینۀ روان‌شناسی مثبت‌گرا بوده است. دکتر بن‌شاهار در کتاب‌های خود، **شادتر و شاد بودن،** که هر دو در سطح بین‌المللی پرفروش هستند، چارچوب‌هایی عملی و مبتنی‌بر شواهد را برای داشتن زندگی‌ای شادتر و رضایت‌بخش‌تر ارائه می‌دهد. او به مردم کمک می‌کند تا از مرحلۀ صرفاً موفق بودن، به‌سوی شکوفایی واقعی حرکت کنند.

فهرست

پیشگفتار

در زندگی لحظاتی وجود دارد که در آن‌ها ایده‌ای متولد می‌شود که نه فقط به‌موقع، بلکه حیاتی به نظر می‌رسد. این کتاب، **شکوفا شدن در دنیای ناپایدار**، یکی از آن ایده‌هاست. سال‌ها به ما گفته‌اند که کلید موفقیت تاب‌آوری است؛ یعنی توانایی تحمل ناملایمات. ما بارها برای استقامت، زنده ماندن و دوباره شروع کردن مورد تحسین قرار گرفته‌ایم، اما اگر یک معیار بهتر برای موفقیت وجود داشته باشد چه؟ اگر رسالت ما این باشد که فراتر از صرفاً بهبود یافتن عمل کنیم چه؟

این کتاب، مفهوم «شکوفایی» را به‌عنوان محرک واقعی عملکرد پایدار و رضایت ماندگار معرفی می‌کند. شکوفایی به معنای انکار سختی‌ها نیست، بلکه به معنای استفاده از آن‌ها به‌عنوان کاتالیزوری برای رشد است. نویسندگان این کتاب، گروهی از متخصصان رشته‌های گوناگون مانند سلامت، حقوق، مهندسی و روان‌شناسی، ما را در مسیری از بقا به‌سوی پیشرفت هدایت می‌کنند. آن‌ها یک نقشهٔ راه جامع و مبتنی‌بر شواهد ارائه می‌دهند که روایت‌های سنتی موفقیت را به چالش می‌کشد.

این کتاب با ترکیبی قدرتمند از داستان‌های شخصی و بینش‌های علمی، دریچه‌ای نو برای درک خود و جهان می‌گشاید. در این کتاب، خواهید دید که چگونه یک حقوق‌دان از یک داستان برای تأکید بر ضرورت توجه به چرخ زندگی استفاده می‌کند و چگونه مهاجرت پر از چالش و اضطراب یک کوچ سلامت می‌تواند به منبعی برای قدرت تبدیل شود. یک روان‌شناس بالینی به شما خواهد آموخت که

چگونه درد را به منبع انرژی تبدیل کنید و یک مشاور استراتژیک چگونگی دستیابی به «ثروت هدفمند» را از طریق سرمایه‌گذاری‌های بین‌المللی در املاک و مستغلات به شما نشان خواهد داد.

نویسنده‌های دیگر نیز دیدگاه‌های منحصربه‌فرد خود را از دلِ تجربه‌های واقعی زندگی و کار ارائه خواهند داد. یک نویسنده و کوچ به شما خواهد آموخت که چگونه نیروی آرام تغییرات کوچک و پیوسته می‌توانند به تحولاتی عظیم منجر شود. یک کوچ حرفه‌ای با مطالعات موردی، نشان خواهد داد که چگونه سازمان‌ها و افراد با سرمایه‌گذاری روی توسعهٔ فردی، و نه صرفاً تاب‌آوری، به تعالی می‌رسند. یک مهندس پرواز و کوچ شفافیت ذهنی، سفر شخصی خود برای یافتن هدف را با توجه به نشانه‌های ظریف در طول مسیر به اشتراک خواهد گذاشت. با کمک یک کوچ و محقق کشف خواهید کرد که چگونه می‌توان ترس را از یک دشمن به یک راهنمای قدرتمند تبدیل کرد و خواهید آموخت که با آغوش باز به استقبال ابهام بروید و به خرد درونی خود اعتماد کنید. درنهایت، یک فیزیک‌دان متخصص در نجوم و گرانش به شما نشان خواهد داد که چگونه جست‌وجوی هدفی کیهانی می‌تواند به ارتباط‌های عمیق انسانی منجر شود.

این کتاب گواهی است بر این ایده که بزرگ‌ترین پیشرفت‌های ما اغلب در آن سوی ترس‌ها و سختی‌هایمان قرار دارند. این یک دعوت است برای تغییر دیدگاه و ساختن زندگی‌ای که نه فقط موفق، بلکه عمیقاً معنادار باشد.

دکتـر تـال بن‌شـاهار[1]، یـکی از افـراد برجسـته در علـم روان‌شناسی مثبت‌گرا[2]، می‌گویـد: «کتـاب **شـکوفا شـدن در دنیـای ناپایـدار** سرشـار از توصیه‌هـای مبتنی‌بـر شـواهد اسـت کـه می‌توانـد بـه شـما کمـک کنـد زنـدگی شـادتر و سـالم‌تری داشـته باشـید.»

بـا افتخار بسیـار، **شـکوفا شـدن در دنیـای ناپایـدار** را بـه شـما تقدیـم می‌کنیـم. ایـن کتـاب از دل لحظه‌ای پرابهـام متولد شـده اسـت و آمـاده اسـت بـرای هدایـت شـما به‌سـوی آینـده‌ای سرشـار از هـدف، قدرت و شـادی!

دکتر کتایون بیداد
ناشر و هم‌بنیان‌گذار شرکت انتشارات موفقیت ستارۀ شمال

---

1. Tal Ben-Shahar
2. Positive psychology

مقدمه

در عصـری کـه بـا نوسـان، عـدم قطعیـت، پیچیـدگی و ابهـام تعریـف می‌شـود، مسئولیت‌هـای متخصصـان و رهبـران و انتظـارات از آن‌هـا هرگـز تـا ایـن حـد سـنگین نبـوده اسـت. معیارهـای سـنتی موفقیـت به‌صـورت لحظـه‌ای در حـال بازتعریـف شـدن هسـتند و فشـار بـرای ارائـهٔ عملکـرد بی‌نقـص، بسـیار بالاسـت. بـرای سـال‌ها، گفت‌وگوهـای مـا بـرای عبـور از ایـن چالـش بـر یـک مفهـوم کلیـدی متمرکـز بـوده اسـت: تـاب‌آوری. مـا به‌درسـتی تـاب‌آوری را به‌عنـوان ظرفیتـی حیاتـی بـرای تحمـل فشـار، بازیابـی خـود پـس از شکسـت‌ها و سـازگاری بـا تغییـر سـتایش کرده‌ایـم. تـاب‌آوری سـنگ‌بنای پایـداری و تـداوم اسـت.

امـا بـا عمیق‌تـر شـدن درک مـا از توانمندی‌هـای بالقـوهٔ انسـان، ناگزیـر بـه طـرح پرسشـی جدی‌تـر می‌شـویم: آیـا هـدف نهایـی ایـن اسـت کـه صرفـاً دوام بیاوریـم؟ آیـا بازگشـت بـه نقطـهٔ شـروع پـس از یـک بحـران، بـرای کسـانی کـه نه‌تنهـا بـه دنبـال بقـا، بلکـه بـه دنبـال درخشـش و سـرآمدی در ایـن دنیـای جدیـد هسـتند، کافـی اسـت؟

اینجاسـت کـه پارادایـم بایـد تغییـر کنـد؛ از موضـع واکنشـیِ تـاب‌آوری بـه وضعیـت زاینـدهٔ شـکوفایی. ایـن کتـاب، **شـکوفا شـدن در دنیـای ناپایـدار** دعوتـی اسـت بـرای ایجـاد ایـن تغییـر بنیادیـن. ایـن اثـر بیـان می‌کنـد کـه شـکوفایی یـک ایده‌آل تخیلـی و فانتـزی نیسـت، بلکـه موتـور محرکـهٔ عملکـرد عالـی و پایـدار اسـت.

شـکوفایی، آن‌گونـه کـه در صفحـات ایـن کتـاب بـه آن پرداختـه شـده، مفهومـی کل‌نگـر اسـت کـه ریشـه‌های عمیقـی در علـم روان‌شناسـی

مثبت‌گرا دارد. این مفهوم، از مفهوم «بقا» می‌گذرد تا به مؤلفه‌های اصلی یک زندگی پویا بپردازد: پرورش احساسات مثبت، جست‌وجوی معنا و هدف، تجربۀ غرق‌گی عمیق در زندگی و کار، پرورش روابط مثبت، و احساس دستاورد ناشی از رسیدن به هدف. این کتاب نشان می‌دهد که خلاقیت، نوآوری و رهبری مؤثر، نتایجی استثنایی نیستند که آرزویش را داشته باشیم، بلکه ثمرات طبیعی یک سیستم — یک فرد، یک تیم، یا یک سازمان — هستند که به معنای واقعی کلمه در حال شکوفایی است.

این کتاب لیستی از عادات یا راه‌حل‌های فوری نیست. در عوض، داستان‌ها و ایده‌هایی دربارۀ مفهوم کامل زیستی به اشتراک می‌گذارد. این اثر ما را به چالش می‌کشد تا از پرسش‌های مشکل‌محور مانند «چگونه از فرسودگی شغلی جلوگیری کنم؟» فراتر رفته و به سراغ پرسش‌های پتانسیل‌محور برویم، مانند: «چگونه می‌توانیم از توانمندی‌های شخصیتی خود برای خلق ارزش و یافتن رضایت در کارمان استفاده کنیم؟». این یک تغییر بنیادین از نگاه «حذف نقاط ضعف» به نگاه «تقویت نقاط قوت» است که سنگ‌بنای ظرفیت‌سازی فردی و جمعی محسوب می‌شود.

داستان‌های این کتاب به شما الهام و انگیزه می‌بخشند. این داستان‌ها چهارچوب‌هایی را در اختیار شما قرار می‌دهند تا آنچه را که روان‌شناسی مثبت‌گرا «سرمایۀ روان‌شناختی» می‌نامد — ترکیب قدرتمند امید، خودکارآمدی و خوش‌بینی — در خود بسازید. شما با افرادی آشنا می‌شوید که با عدم قطعیت نه به‌عنوان تهدید، بلکه به‌عنوان کاتالیزوری برای رشد و پیشرفت خود برخورد کرده‌اند.

آینــدهٔ درخشــان لزومــاً نصیــب کســانی نخواهد شــد که بیشــترین ســختی را
تحمـل می‌کننـد، بلکـه نصیـب کسانی خواهد شـد که بیشـترین شـکوفایی
را تجربـه می‌نماینـد. ایـن کتـاب الهام‌بخـشِ سـفری مهـم و ارزشـمند
به‌سـوی یـک زنـدگی سرشـار از هـدف، شـکوفایی و تأثیـر مانـدگار اسـت.

دکتر شهاب اناری

مسترکوچ تأییدشده[1] از فدراسیون بین‌المللی کوچینگ[2] و بنیان‌گذار دورهٔ
کوچینگ آکادمی ستارهٔ شمال

---

1. Master Certified Coach (MCC)
2. International Coaching Federation (ICF)

هنر شکوفا شدن

معنا، رشد و تاب‌آوری:
وقتی زندگی آسان نیست

شروین اسفندیاری

هنر شکوفا شدن
معنا، رشد و تاب‌آوری: وقتی زندگی آسان نیست
شروین اسفندیاری
روان‌شناس بالینی، کوچ و مدرس

من کیستم؟

من بانویی مهاجر هستم؛ زنی که در سرزمین مادری‌اش، با تکیه بر ویژگی‌های فردی، شرایط محیطی، حمایت‌های خانوادگی و انتخاب‌های آگاهانه‌اش، توانست در مسیر رشد فردی و اجتماعی گام بردارد.

زیستن در سرزمینی آشنا فرصتی بود برای ساختن معنا و جایگاهی روشن. اما با آغاز مهاجرتم، گویی وارد جهانی تازه و ناآشنا شدم؛ جهانی که در آن باید دوباره الفبای زندگی را می‌آموختم و مانند کودکی نوپا، راه رفتن و سخن گفتن و فهم زبان بدن و فرهنگ تازه را از نو یاد می‌گرفتم؛ با این تفاوت که من کودکی نبودم که حافظه‌ای خالی داشته باشد، بلکه ذهنم سرشار از خاطرات، آموخته‌ها و تجربه‌های زندگی پیشین بود. این حافظه، مانند کوله‌باری سنگین، همواره بر دوشم بود. کوله‌ای که گاه باعث کندی حرکتم در مسیر جدید می‌شد و گاه مرا متعادل می‌کرد. نمی‌توانستم آن را زمین بگذارم و راستش را بخواهید، نمی‌خواستم هم زمینش بگذارم؛ چون این کوله‌بار، بخشی از هویت من بود. گاهی داشته‌هایم مرا سرشار از کفایت می‌کرد و گاهی همان‌ها به دلتنگی و غربت بدل می‌شد.

سال‌ها گذشته است و حالا دیگر آن کوله را به دوش نمی‌کشم. من آن را به صندوقچه‌ای تبدیل کرده‌ام؛ صندوقچه‌ای زیبا، عمیق و

امن که در درونم جای گرفته است. دیگر بار اضافه نیست، بلکه گنجینه‌ای است از آنچه بوده‌ام، آموخته‌ام و تجربه کرده‌ام. این صندوقچه منبعی برای یادآوری و الهام است؛ یادآورِ ریشه‌هایی که کمک می‌کنند در خاک تازه هم شکوفا شوم. به‌مرور فهمیدم هرگاه دل‌آشوبهٔ غربت بالا می‌گیرد، مکثی کوتاه، چند دمِ آهسته و نام بردن از سه چیزی که همین جا و همین حالا قدردانشان هستم، مرا دوباره به زمین امن اکنون می‌نشاند.

نقش من چیست؟

اگر بخواهم از تجربه‌های زیسته‌ام در سال‌های پس از مهاجرت بگویم، باید اذعان کنم که این سال‌ها همواره با مواجهه با جهانی جدید و پویا همراه بوده است؛ جهانی که از آغاز همه‌گیری کووید تا به امروز، پیوسته دریچه‌هایی تازه و نامعلوم به رویم گشوده است. در این سال‌ها، انگار هستی هر روز پوست می‌اندازد. تحولاتی گاه خیره‌کننده و گاه فرساینده زندگی را دستخوش تغییر می‌کنند؛ از تغییرات اجتماعی و سیاسی تا دگرگونی‌های اقتصادی، آموزشی و فناوری. زندگی در دل چنین جهانی، برای من پر از احساسات متضاد بوده است: خوشی و ناخوشی، امید و تردید، آرامش و آشفتگی. این تجربه نه‌تنها بر دنیای درونی من، که بر روابط و کیفیت کلی زندگی‌ام نیز اثر گذاشته است.

در این سال‌ها، در کنار بحران‌های اقتصادی و تنش‌های سیاسی و شتاب فناوری، نظام آموزشی و فضای کاری هم متحول شد؛ به‌ویژه با گسترش و دسترس‌پذیری هوش مصنوعی. در این میان، پرسش‌های عمیقی در ذهنم شکل گرفت:

من در میان این تحولات کجا ایستاده‌ام؟ نقشم در این جهان نوظهور چیست؟ آیا باید صرفاً نظاره‌گر باشم یا کنشگری آگاه؟ آیا باید ایستادگی کنم یا همراه با تغییر، متحول شوم؟ این پرسش‌ها نه‌تنها دغدغه‌هایی فردی، بلکه بخشی از سفر انسانی من هستند؛ سفری برای یافتن معنا، جهت و نقش منحصربه‌فرد خودم در جهانی که هر روز در حال زایش تازه‌ای است.

امروز نقش خود را تنها در یک بعد نمی‌بینم؛ گاه شنونده‌ای همدل، گاه تسهیلگری برای تغییر، و گاه الهام‌بخشی برای امید هستم. نقشم پیوسته در حال بازتعریف شدن است، همان‌طور که جهان پیرامونم در حال تغییر است. هر بار که تردید می‌آید، در همان صندوقچه را آرام می‌گشایم و بوی کاغذ نامه‌های قدیمی، گرمای عکس‌های محو، و نام‌های کوچکی که زمانی بر من اثر گذاشته‌اند، دوباره در من جریان می‌یابند. آن یادها برای ایستادنِ امروز به کارم می‌آیند؛ هر بار که دستی در صندوقچه می‌برم، نقشم روشن‌تر می‌شود.

درد و آگاهی: مسیر خودشکوفایی من

می‌خواهم برای خوانندۀ این کتاب اعترافی صادقانه داشته باشم: رویارویی با بی‌ثباتی‌ها و تغییرات زندگی پس از مهاجرت، در آغاز برایم مبهم و سردرگم‌کننده بود. درک نامشخص از شرایط موجود، موجب آشفتگی ذهنم شد و احساساتی را در من بیدار کرد که ابتدا ناخوشایند به نظر می‌رسیدند، اما ریشه در چیزی عمیق‌تر داشتند: درد، بله، درد واقعی. دردی که صرفاً ناراحتی نبود، بلکه نشانه‌ای بود از چیزی فراتر: هشداری از جانب روان، از جایی درونی که همیشه نادیده گرفته می‌شد. دردی که مرا وادار به توقف، تأمل و سپس

حرکت به سمتی تازه کرد. آن لحظه فهمیدم که اگر این صدا را نشنوم، در چرخه‌ای از تکرار رنج گرفتار می‌شوم. این بیداری از جنس آگاهی بود. آگاهی از اینکه هر درد پیامی دارد. دردهای جسمی و روانی نشانه‌هایی هستند از زخمی پنهان، انتخابی ناآگاهانه، مسیری اشتباه یا آسیبی انباشته. آموختم که باید درد را بپذیرم، اما نه از روی انفعال، بلکه به‌عنوان فرصتی برای تغییر. منظورم تأیید رنج نیست، بلکه تصدیق حضورش است.

درد برای من فانوس شد؛ نوری که در تاریکی روانم، علت و ریشه را می‌جست و آشکار می‌ساخت. این نگاه باعث شد به‌جای فرار، با واقعیت روبه‌رو شوم و از دل آن، مسیر تازه‌ای بسازم. از همان روزها تمرینی ساده، اما اثرگذار، را در ذهن خود نهادینه کردم: هرگاه موجی از درد برمی‌خاست، نامش را می‌گفتم، مکانش را در بدنم می‌جستم، و از خود می‌پرسیدم: «این درد می‌خواهد چه چیزی را به یادم بیاورد؟» پاسخ‌ها همیشه آماده نبودند، اما همین گفت‌وگو از شدت بی‌پناهی‌ام می‌کاست.

در مسیر ترمیم، با انسان‌هایی هم‌مسیر شدم که آن‌ها نیز دردهایی مشابه را تجربه کرده بودند. حس همدلی‌ام رشد کرد و توانستم نه فقط درد خود، بلکه درد دیگران را هم بفهمم. این تجربهٔ مشترک، پیوندی انسانی‌تر ساخت و یادم داد مرزهای شفافی بین خود و دیگران بگذارم تا ترمیم نفس بکشد. ترمیم، فرایندی لحظه‌به‌لحظه بود؛ مانند استخوانی که پس از جوش خوردن مقاوم‌تر می‌شود. حالا باور دارم که درد، اگر در آن غرق نشویم و آن را به هویت خود تبدیل نکنیم، می‌تواند ما را بیدار کند، اما اگر با آن یکی شویم، رنجی

عمیـق و فرسـاینده در پـی خواهـد داشـت؛ رنجـی کـه مـا را در تلـۀ تاریکـی و فرسـودگی نگـه مـی‌دارد.

آگاهـی از درد و معنـا دادن بـه آن زندگـی را عمیق‌تـر می‌کنـد و مسـیر خودشـکوفایی را می‌گشـاید. تجربـۀ آگاهانـۀ درد، به‌ویـژه در دوران دشـوار مهاجـرت و بحران‌هـای جهانـی، می‌توانـد بـه نیرویـی درونـی بـرای رشـد، تغییـر و بازسـازی تبدیـل شـود. پذیـرش واقع‌بینانـۀ تغییـر و معنـا دادن بـه رنـج، بخشـی از مسـیر رشـدم بـود، امـا نـه تمـام آن. بـرای شـکوفا شـدن، لازم بـود خـودم را دوبـاره تعریـف کنـم؛ نـه بـر اسـاس خواسـته‌های بیرونـی، بلکـه بـر اسـاس خواسـته‌های اصیـل درونـی. از خـود پرسـیدم: «در ایـن موقعیـت چـه چیـز در اختیـار مـن اسـت؟ کوچک‌تریـن گام ممکـن کـدام اسـت؟» پاسـخ‌ها گاهـی سـاده بودنـد: گفت‌وگویـی صادقانـه، پیاده‌روی‌ای کوتـاه، یـا نوشـتن چنـد سـطر. بایـد بسـتری بـرای خودشـکوفایی می‌سـاختم کـه بـا پذیـرش درد آغـاز شـود و بـا تعهـد بـه رشـد ادامـه یابـد.

بـرای خـودم طـرحی نوشـتم: صبح‌هـا پنـج دقیقـه نوشـتن آزاد، ظهرهـا مکثـی سی‌ثانیـه‌ای بـرای وارسـی بـدن و نام‌گـذاری احسـاس، و شـب‌ها مـرور یـک موقعیـت دشـوار بـا سـه پرسـش کوتـاه: «چـه شـد؟ چـه احساسـی داشـتم؟ قـدم کوچک‌تـر چـه بـود؟» همیـن روتیـن کوتـاه، تصمیم‌هایـم را اجرایـی می‌کـرد.

خودشکوفایی در جهان متغیر: تجربه‌ای زیسته و درس‌آموز

بـرای مـن، خودشـکوفایی مفهومـی ایسـتا یـا وابسـته بـه شـرایط ایده‌آل نیسـت، بلکـه سـفری اسـت پویـا و در حـال تحـول. معنـای خودشـکوفایی در زندگـی مـن، تبدیـل شـدن بـه بهتریـن نسـخۀ ممکـن از خویشـتن

است؛ نه در مقایسه با دیگران، بلکه در مقایسه با خود دیروز من.

این مسیر، وابسته به یافتن معنا در تجربه‌ها، رشد در دل چالش‌ها و تاب‌آوری در برابر تلاطم‌های زندگی است. شکوفایی، نه‌تنها در لحظات خوشایند، بلکه در بطن سختی‌ها نیز رخ می‌دهد. هر درد، فرصتی برای درک عمیق‌تر و هر ابهام، بستری برای گشودگی ذهن است. برای من، بهترین شدن نسبی است؛ نه مطلق و ایستا، بلکه فرایندی مداوم و منعطف؛ رشدی که در بستر تغییر، و نه در ثبات کامل، رخ می‌دهد.

در جهانی با سرعت سرسام‌آور تحولات — از دگرگونی‌های اجتماعی و فناوری تا تغییرات فرهنگی و اقلیمی — انسان ناگزیر است مهارت‌های تازه بیاموزد، باورهایش را بازبینی کند و خود را با نیازهای نو هماهنگ سازد. این هماهنگی به معنای انفعال نیست، بلکه پاسخی آگاهانه و منعطف به شرایط جدید است. من آموخته‌ام هر تغییری که مرا می‌ترسانَد، وقتی به گام‌های کوچک و قابل اجرا شکسته می‌شود، دست‌یافتنی‌تر است و هرگاه به ارزش‌های شخصی‌ام برمی‌گردم، قطب‌نمایی دارم که میان گزینه‌هایم تمایز بگذارم.

فشار دگرگونی‌ها ممکن است اضطراب و خستگی روانی بیاورد، اما درست در همین نقطه است که تاب‌آوری معنا پیدا می‌کند. برای من، تاب‌آوری یعنی مراقبت از انرژی روانی: خواب کافی، حد و مرز سالم در روابط و بازگشت آگاهانه به فعالیت‌هایی که معنا می‌آفرینند. در تجربهٔ شخصی من، تاب‌آوری و رشد به یکدیگر گره خورده‌اند. هرگاه توانسته‌ام در برابر موج‌های سهمگین زندگی بایستم، فرصتی برای خودشکوفایی پدید آمده است و هر بار که با تغییر روبه‌رو شده‌ام، توانایی تازه‌ای در خود کشف

کرده‌ام. این مواجههٔ آگاهانه با تغییر به من آموخت که حتی در دل بی‌ثباتی‌ها، می‌توان ثباتی درونی ساخت.

معنای زندگی در چنین جهانی، دیگر تنها در موفقیت‌های بیرونی خلاصه نمی‌شود، بلکه در نحوهٔ پاسخ ما به ناملایمات، در کیفیت روابطمان و در عمق آگاهی ما نسبت به خویشتن شکل می‌گیرد. خودشکوفایی یعنی تبدیل شدن به انسانی معنادار، مقاوم و روبه‌رشد، حتی در دل طوفان‌ها. این نگاه باعث می‌شود هر تغییر، نه تهدید، بلکه فرصتی برای بازآفرینی خود باشد. هر بار که این حقیقت را از یاد می‌برم، به نفسِ آرام، قدم‌های کوچک و بازگشت به ارزش‌هایم تکیه می‌کنم تا جهت را بازیابم. این سه‌گانهٔ ساده، قطب‌نمای روزمرهٔ من است و حتی در شلوغ‌ترین روزها مرا به مسیر اصلی برمی‌گرداند.

هدفمندی و تاب‌آوری: راهنمای عملی زیستن آگاهانه

در این لحظه که می‌نویسم، باور عمیقم این است که انسان، اگر به زندگی خود معنا و هدف ببخشد، می‌تواند حتی در دل آشفتگی‌ها، مسیری روشن برای حرکت پیدا کند. در جهانی پرتغییر و کم‌پیش‌بینی، زیستن بدون هدف مانند حرکت قایقی بی‌سکان در دریایی طوفانی است. تغییرات نامشخص و متوالی انسان را از ناحیهٔ امن زندگی بیرون می‌کشند؛ ناحیه‌ای که در آن احساس کنترل، پیش‌بینی‌پذیری و آرامش وجود دارد. ترک این منطقهٔ امن، هرچند با ترس و اضطراب همراه است، می‌تواند نقطهٔ آغاز رشد واقعی باشد.

انسانی که به هیجان‌هایش آگاه باشد، در برابر تغییرات متعادل‌تر است. او احساساتش را می‌شناسد و آن‌ها را سرکوب نمی‌کند، بلکه با مهارت تنظیم می‌کند و از آن‌ها برای درک بهتر موقعیت‌های زندگی

بهره می‌برد. برای خود من، «نام‌گذاری دقیق احساس»، یعنی اینکه بگویم احساسم ناراحتی است یا شرم، خشم است یا اندوه، دروازه‌ای رو به تصمیم‌های روشن‌تر بوده است.

خودآگاهی هیجانی، کلید افزایش تاب‌آوری است. تاب‌آوری یعنی توان ایستادن در برابر فشارهای روانی، حفظ انعطاف‌پذیری و بازیابی توان پس از شکست یا بحران. فرد تاب‌آور، نه‌تنها بعد از هر بحران دوباره برمی‌خیزد، بلکه با هر بار برخاستن، قوی‌تر از پیش می‌شود. برای من، پیوند دادن هدف‌ها با ارزش‌های اصیل و شکستن آن‌ها به گام‌های کوچک روزانه، مانع فرسودگی شده است.

فرد هدفمند به‌جای فرار از چالش‌ها، شرایط را تحلیل می‌کند و از پرسش‌های راهگشا بهره می‌گیرد: «الان چه چیز در کنترل من است؟ چه انتخابی با ارزش‌هایم هماهنگ‌تر است؟ کوچک‌ترین قدم بعدی چیست؟» من در عمل، از «اگر ...، آن‌گاه ...» استفاده می‌کنم: «اگر اضطراب بالا رفت، آن‌گاه سه دمِ عمیق و تماس با یک شخص امن.» همچنین هر شب سپاس‌گزاری‌ای سه‌گزینه‌ای برای تثبیت جهت‌گیری مثبت و بستن چرخهٔ روز انجام می‌دهم. هر هفته هم یک بازبینی ده‌دقیقه‌ای انجام می‌دهم: چه آموختم، چه چیزی کار کرد، چه چیزی نیاز به اصلاح دارد، و کدام گام کوچکِ هفتهٔ بعد است. همین توقف‌های کوتاه مسیر را واقعاً پیوسته نگه می‌دارد.

برای من، هدفمندی و خودآگاهی هیجانی دو ستون زیستن آگاهانه‌اند. این دو ویژگی به من کمک کرده‌اند که به‌جای گرفتار شدن در چرخهٔ رنج و فرسودگی، زندگی‌ام را به شکلی معنادار و سازنده پیش ببرم؛ حتی زمانی که دنیا در حال فروپاشی به نظر می‌رسد. این

دقیقاً همان نقطه‌ای است که از دل ناامیدی، جرقهٔ امید زاده می‌شود.

از درد تا قدرت: جمع‌بندی یک روان‌شناس، کوچ و مدرس

از نگاه من به‌عنوان یک روان‌شناس بالینی، کوچ[1] توسعهٔ فردی و مدرس شکوفایی، مفهوم شکوفایی فراتر از لحظه‌های گذرای شادی و موفقیت‌های بیرونی است. شکوفایی واقعی، توانایی زندگی کردن با آگاهی، معنا، انعطاف‌پذیری و تاب‌آوری در بطن واقعیت‌هایی است که گاه سخت و پیچیده‌اند.

در روان‌شناسی مثبت‌گرا[2]، شکوفایی فرایندی چندبعدی است که شامل رشد شخصی، تعهد به ارزش‌ها، احساس ارتباط با دیگران، معنا یافتن در زندگی و مواجههٔ سازنده با چالش‌ها می‌شود. شکوفایی به معنای بی‌درد بودن نیست، بلکه به معنای توانایی عبور از درد با حفظ امید، معنا و هدف است.

در نگاه حرفه‌ای من، تاب‌آوری صفتی ثابت نیست؛ مهارتی آموختنی است که می‌توان آن را تمرین داد و تقویت کرد؛ با تنظیم هیجان‌ها، انعطاف‌پذیری شناختی، خودمهربانی در لحظه‌های دشوار، تکیه بر شبکه‌های حمایتی و ساختن عادت‌های کوچک اما پایدار. وقتی هدف‌ها به‌صورت روشن و قابل سنجش تعریف، و به گام‌های خرد تقسیم می‌شوند، تجربهٔ «موفقیت‌های کوچک» سوخت حرکت‌های بزرگ‌تر می‌شود.

تجربه‌های من نشان داده‌اند که بخش‌های تاریک و پردرد زندگی، اگر به‌درستی فهم و پردازش شوند، می‌توانند به منابعی

---

1. coach
2. Positive psychology

از قــدرت درونــی تبدیــل شــوند. در کار حرفــه‌ای‌ام، ترکیــب تمرین‌هــای تنظیــم هیجــان، بازسازی شــناختی، ذهن‌آگاهــی روزمــره و اقدام‌هــای همســو بــا ارزش‌هــا، بســتری قابــل اتــکا بــرای تاب‌آوری می‌ســازد؛ بســتر عمل‌محــوری کــه به‌جای درجا زدن در رنــج، مســیر را بــه ســمت معنا و انتخــاب هدایــت می‌کنــد.

شــکوفایی از جنــس حرکــت اســت، نــه رکــود؛ از جنــس عمــق اســت، نــه ســطح. انســانِ در حــال شــکوفایی، هم‌زمان بــا پذیــرش محدودیت‌هــا و واقعیت‌هــا، چشم‌اندازی روشــن بــرای آینــده ترسیم می‌کنــد و مســئولیت زندگــی خود را بــا آگاهی و جســارت می‌پذیــرد. این جســارت، بی‌احتیاطی نیست؛ تکیه بر شــواهد درونــی و بیرونــی اســت: شــنیدنِ بدن، بررســی افکار، آزمودن رفتارهــای نــو در مقیــاس کوچــک، و بازنگــری بر پایــهٔ بازخورد.

مــن معتقــدم کــه در دنیای امروز، کــه دنیایــی متغیــر، پرشــتاب و گاه بی‌ثبات اســت، شــکوفایی نه‌تنهــا امکان‌پذیــر، بلکــه ضــروری اســت؛ ضرورتــی بــرای حفــظ ســلامت روان، ارتقای کیفیــت زندگــی و ســاختن جهانــی انسانی‌تر. همیــن رویکــرد را در کارگاه‌هــا و جلســات کوچینــگ هــم دنبــال می‌کنم: هم‌راستا کــردن هــدف بــا ارزش، تقویــت مهارت‌های خودتنظیمــی و ســاختن روتین‌هــای کوچــک، امــا مــداوم، کــه تغییــر را پایــدار می‌کننــد.

ایــن کتــاب دعوتــی اســت بــه همیــن مســیر: زیســتن آگاهانــه و معناگــرا در روزهــای ناپایــدار؛ تبدیــل کــردن درد بــه قدرت و ابهــام به روشــنایی. اگر قرار اســت نکتــه‌ای از دل ایــن صفحــات بــا خود ببریم، بــه نظرم این اســت: هریک از مــا می‌توانــد بــا یــک مشــاهدهٔ صادقانــه، یــک انتخــاب همســو بــا ارزش‌هایش، و یــک گام کوچــکِ امــروز، فــردای قابل زیســت‌تری بســازد.

هنر شکوفا شدن

معنا، رشد و تاب‌آوری: وقتی زندگی آسان نیست

دربارۀ نویسنده

شروین اسفندیاری روان‌شناس بالینی، کوچ و مدرس است. تمرکز او بر کوچینگ توسعۀ فردی و آموزش شکوفایی است و تأییدیۀ فدراسیون بین‌المللی کوچینگ[1] را دارد.

شروین دانش‌آموختۀ مدیریت کسب‌وکار[2] است و سال‌ها در جایگاه مدیریتی، با رویکردی انسان‌محور و زیبایی‌محور، با هدف بهبود کیفیت حضور انسان‌ها و زیبا شدن تجربۀ زیستن کار کرده است.

او همواره کوشیده است پلی کاربردی میان ذهنیت مدیریتی و عمق انسانی روان‌شناسی بنا کند؛ ترکیبی که تصمیم‌های اجرایی را به

---

1. International Coaching Federation
2. Master of Business Administration (MBA)

بینش‌های انسانی گره می‌زند.

شروین در مواجهه با جهان پرشتاب امروز، به این جمع‌بندی رسید که مسیر اثرگذاری‌اش در هم‌نشینی مدیریت با روان‌شناسی شکل می‌گیرد؛ بنابراین تمرکز حرفه‌ای خود را بر کوچینگ و روان‌شناسی مثبت‌گرا گذاشت و اکنون افراد را در مسیر معنا، تعادل و خودشکوفایی همراهی می‌کند.

علاقهٔ دیرینهٔ شروین به هنر، به‌ویژه بازیگری و صداپیشگی، برای او مسیری مستقل و زنده است؛ مجالی برای روایت، زیستن نقش، صداسازی و توجه به بدن و ریتم. این تجربه‌ها نگاه او را به احساس، داستان، حرکت و صدا گسترده‌تر کرده و امکان ارتباطی طبیعی‌تر و ملموس‌تر با مخاطب را فراهم آورده است.

شروین در کار حرفه‌ای‌اش بر «روان‌شناسی مثبت‌گرا» و «کوچینگ» تکیه دارد؛ یعنی تمرکز بر کشف نقاط قوت، معنا و تاب‌آوری و تبدیل بینش به گام‌های کوچک همسو با ارزش‌ها. او باور دارد هر انسان بذرهایی از شکوفایی در خود دارد که در بستر آگاهی، پذیرش و رشد به گلِ معنا و تعادل بدل می‌شوند.

این کتاب دومین اثر او و ادامه‌ای بر نخستین اثرش در سال‌های پس از مهاجرت است؛ دعوتی برای زیستن آگاهانه در روزهای ناپایدار و رسیدن به معنا در میانهٔ ابهام.

راه‌های ارتباط با نویسنده:

✉ shervincoach@gmail.com

⊡ shervin.coaching

خانه‌ای در آن سوی آب‌ها

شکوفایی
از طریق سرمایه‌گذاری
آینده‌نگرانه در املاک

امیرحسین حاجی‌غلامی

خانه‌ای در آن سوی آب‌ها
شکوفایی از طریق سرمایه‌گذاری آینده‌نگرانه در املاک
امیرحسین حاجی‌غلامی
مشاور استراتژیک و همسفر مورد اعتماد در سرمایه‌گذاری بین‌المللی

سفر به‌سوی شکوفایی مالی، اغلب با یک گام جسورانه به‌سوی ناشناخته‌ها آغاز می‌شود. برای من، این گام نخست، کشف فرصت‌های نهفته در بازارهای بین‌المللی بود؛ به‌ویژه در قبرس شمالی. آشنایی من با این جزیره زمانی شکل گرفت که دوستی برای ارائهٔ مشاورهٔ کسب‌وکار، مرا به آنجا دعوت کرد. اما آنچه پس از ورود دیدم، فراتر از یک پروژهٔ اقتصادی بود: مردم خون‌گرم و مهمان‌نواز، آرامش بی‌نظیر محیط، و فرصت‌هایی که در هر گوشه منتظر کشف بودند. از سال ۲۰۲۱، بارها به مناطق مختلف قبرس شمالی سفر کرده‌ام، با زندگی روزمرهٔ مردم درآمیخته‌ام، قوانین و مقررات را از نزدیک درک کرده‌ام و با چالش‌های بازار دست‌وپنجه نرم کرده‌ام. این تجربه‌ها به من آموخت که سرمایه‌گذاری موفق و اخلاقی، نیازمند شناخت عمیق، صبر و همراهی یک مشاور باتجربه است.

آنچه در این فصل می‌خوانید، ترکیبی از تجربه‌های واقعی و نکات کلیدی است که می‌تواند مسیر سرمایه‌گذاری شما را روشن‌تر، امن‌تر و پربازده‌تر سازد.

داستان‌های واقعی، شکوفایی واقعی: اصول سرمایه‌گذاری‌های متنوع

گاهی تنها یک تجربهٔ واقعی کافی است تا آیندهٔ شما را از تردید به یقین و از رؤیا به واقعیت بدل کند.

داستان ۱: پایه و اساس احتیاط و ریسک آگاهانه

زوجی جوان، با امیـد سـاختن آینـده‌ای امن و کشـف افق‌هـای تـازه، مجذوب یـک فرصت سرمایه‌گذاری شـدند کـه با شـعارهایی فریبنده ماننـد «بازدهی بـالا بـا حداقـل ریسـک!» تبلیـغ می‌شـد. آن‌هـا بـدون تحقیـق عمیـق یـا مشـورت بـا یـک کارشـناس، بخـش زیـادی از پس‌انداز خـود را بـر اسـاس همیـن وعده‌هـا وارد بـازار کردنـد.

در ابتـدا همه‌چیـز عـالی بـه نظـر می‌رسـید؛ پیش‌بینی‌هـای رشـد سـریع، وعدۀ سـود تضمین‌شـده و شـرایط ورودی آسـان. امـا پشـت پـرده، دارایـی اصلـی فاقـد مـدارک قانونـی معتبـر بـود و پـروژه بـا مشـکلات حل‌نشـده دست‌وپنجـه نـرم می‌کـرد. وقتـی بـرای برداشـت سـرمایه اقـدام کردنـد، بـا واقعیـت تلـخ از دسـت رفتـن بخـش زیـادی از پول‌شـان روبـه‌رو شـدند. ایـن تجربـه یـادآور حقیقتـی سـاده اسـت: شـکوفایی بـه معنـای پرهیـز کامـل از ریسـک نیسـت، بلکـه بـه معنـای پذیـرش ریسـک آگاهانـه اسـت؛ جایـی کـه پشـتکار، تحقیـق دقیـق و مشـاورۀ معتبـر، نقـش سـپر محافـظ شـما را بـازی می‌کننـد. شـکوفایی واقعـی بـر پایـۀ اطلاعـات تأییدشـده و انتخاب‌هایـی بنـا می‌شـود کـه امنیـت بلندمـدت و آرامـش خاطـر شـما را تضمیـن کننـد.

داستان ۲: فراتر از بازگشت سرمایه: خلق زندگی متعادل و ثروت هدفمند

یـک فعـال اقتصـادی حرفـه‌ای بـا سـال‌ها تجربـه، مدتـی بـود کـه زیـر فشـار بی‌امـان زندگـی شـهری و شـغل پرمسئولیتـش نفـس کـم می‌آورد. او بـه دنبـال چیـزی بیـش از رشـد مـالی بـود؛ نیـاز داشـت جایـی بـرای آرامـش و بازیـابی انـرژی پیـدا کنـد.

پـس از بـررسـی دقیـق و مشـورت بـا متخصصـان، تصمیـم گرفـت در ملکـی ساحلـی و آرام، در منطقـه‌ای روبه‌رشـد، ماننـد لانـگ بیـچ[1] قبـرس شمالـی، سرمایه‌گذاری کنـد. انتخابـش هوشـمندانه بـود: ایـن ملـک، هـم پتانسیـل بالایـی بـرای درآمـد اجـاره‌ای داشـت و هـم پناهـگاهی شـخصی بـرای فـرار از هیاهـوی روزمـره بـود. امـروز، او از ترکیبـی کمیـاب بهره‌منـد اسـت: ثبـات مالـی و آرامـش درونـی. سرمایه‌گذاری‌اش بـدون توقـف بـرای او کار می‌کنـد، درحالی‌کـه او در خلوتـگاه ساحلـی‌اش نفـس تـازه می‌کنـد.

ایـن همـان معنـای ثـروت هدفمنـد اسـت: تصمیم‌گیری‌هـای مالـی کـه نه‌تنهـا بـازده اقتصـادی دارنـد، بلکـه هماهنـگ بـا ارزش‌هـای شـخصی هسـتند و زندگی‌ای می‌سـازند کـه در آن آرامـش، کاهـش اسـترس و فرصت‌هـای بیشـتر بـرای پیگیـری علایـق، جایـگاه ویـژه‌ای دارنـد.

داستان ۳: اهمیت آینده‌نگری، اعتمادپذیری و امنیت حقوقی

خانمـی کـه به‌تـازگی بازنشسـته شـده بـود، بـه دنبـال فرصتـی بـود تـا پس‌انـداز سال‌هـای کاری‌اش را بـه سـرمایه‌ای پایـدار تبدیـل کنـد. روزی، پیشـنهاد وسوسه‌کننـده‌ای بـه گوشـش رسـید: «بازدهـی چشـمگیر، همـراه بـا سـبک زنـدگی دلپذیـر در کنـار دریـا». مـروج بـا لبخنـد اطمینان‌بخشـی گفـت: «همه‌چیـز مرتـب اسـت، فقـط همیـن توافـق اولیـه را امضـا کنیـد.» هیجـان و اعتمـاد، جـای بـررسـی دقیـق را گرفـت و او بـدون مشـورت بـا وکیـل مسـتقل یـا بـررسـی ثبـت رسـمی، تنهـا بـا تکیـه بـر یـک داسـتان جـذاب و یـک برگـهٔ دست‌نویـس، تعهـد مالـی بـزرگـی را پذیرفـت. او نمی‌دانسـت کـه در قبـرس شمالـی، ثبـت رسـمی در ادارهٔ تاپـو، گامـی حیاتـی اسـت کـه امنیـت مالکیـت را تضمیـن می‌کنـد.

---

1. Long Beach

ماه‌ها گذشت. نـه خبـری از پیشـرفت وعده‌داده‌شده بـود و نـه آرامشی کـه بـه دنبالـش بـود. سرانجام، واقعیت آشکار شد: ملـک فاقد تأییدیه‌های قانـونی لازم بـود و سرمایه‌گذاری او عمـلاً بـدون هیـچ پشتوانه‌ای رهـا شـده بـود.

تجربـهٔ ایـن خانـم یـادآوری می‌کنـد کـه شکوفایی واقعی، تنهـا در پی لذت‌هـای فـوری شکل نمی‌گیـرد و نیازمنـد آینده‌نگری، استفاده از منابع قابـل اعتمـاد و تکیـه بـر مشاورهٔ حرفه‌ای اسـت. در سـرمایه‌گذاری‌های بین‌المللی، به‌ویـژه در امـلاک، هیچ‌چیـز جـای ثبت قانـونی شفاف و رسـمی را نمی‌گیـرد. وعده‌هـا و توافق‌هـای شـفاهی، بـدون چارچـوب حقوقی و ثبت معتبـر، بیشـتر شبیه قایق‌هـای کاغذی‌انـد؛ زیبـا در نگاه اول، امـا ناتـوان در برابـر اولیـن مـوج.

داستان ۴: سرمایه‌گذاری استراتژیک برای آزادی شخصی و ثبات

زوج میان‌سالی کـه پـس از سـال‌ها کار بـه بازنشسـتگی رسـیده بودنـد، رؤیای زندگی آرام در کشوری بـا آب‌وهوای دلپذیر و هزینه‌هـای معقـول را در سـر داشـتند. آن‌هـا می‌خواسـتند جایی را بیابنـد کـه نه‌تنها آرامـش، بلکـه امنیـت قانـونی و مـالی نیـز برایشـان بـه همـراه داشـته باشـد.

بـا حوصلـه و دقت، گزینه‌هـای مختلـف را بـرای دریافت اقامت بلندمـدت از طریـق سـرمایه‌گذاری بـررسی کردنـد. درنهایـت، پـس از مشـورت بـا متخصصـان، تصمیـمی حساب‌شـده گرفتنـد: خریـد ملـکی کامـلاً قانـونی و دارای تمـام مسـتندات لازم در منطقه‌ای باثبـات و محبـوب، ماننـد فاماگوسـتا[1] در قبـرس شـمالی. نتیجـهٔ ایـن آینده‌نگری، آرامشی عمیـق

---

1. Famagusta

بـود. مراحـل اقامـت به‌سـرعت و بـدون پیچیـدگی انجـام شـد و آن‌هـا توانسـتند فصـل جدیـدی از زندگـی خـود را آغـاز کننـد، بـدون دغدغـه نسـبت بـه وضعیـت اقامـت یـا آینـدۀ مالی‌شـان.

همان‌طـور کـه در هـرم نیازهـای مازلـو[1] آمـده اسـت، ایمنـی و امنیـت پایه‌هایـی ضـروری بـرای حرکـت به‌سـوی سـطوح بالاتـر خودشـکوفایی هسـتند. وقتـی ایـن پایـه محکـم باشـد، انـرژی و ذهـن آزاد می‌شـود تـا انسـان بتوانـد بـا لـذت بیشـتری بـه روابـط، تجربه‌هـای تـازه و علایـق شـخصی خـود بپـردازد.

داستان ۵: سرمایه‌گذاری برای شکوفایی نسلی: میراثی از فرصت

والدینـی آینده‌نگـر چشم‌اندازی روشـن بـرای خانواده‌شـان داشـتند: فراهـم کـردن بسـتری مطمئـن بـرای اسـتقلال مالـی و دسترسـی بـه فرصت‌هـای بین‌المللـی بـرای فرزندشـان.

آن‌هـا پـس از بـررسی دقیـق گزینه‌هـای مختلـف در سـرمایه‌گذاری جهانـی، انتخابـی هوشـمندانه کردنـد: خریـد ملـکی کامـلاً قانونـی و دارای پتانسـیل درآمـد پایـدار، در نزدیکـی یـک دانشـگاه معتبـر در قبـرس شـمالی. ایـن انتخـاب تنهـا یـک سـرمایه‌گذاری مالـی نبـود، بلکـه بخشـی از یـک برنامه‌ریـزی اسـتراتژیک بـرای حمایـت از مسـیر تحصیلـی و زندگی فرزندشـان نیـز بـود. سـال‌ها بعـد، ایـن تصمیـم ثمـر داد. درآمـد اجاره‌ای ملـک، بخـش عمـده‌ای از هزینه‌هـای تحصیـل و زندگـی فرزندشـان را پوشـش داد. علاوه‌بـر آن، خانـه بـه پایگاهـی امـن و ثابـت بـرای او تبدیـل شـد؛ محلـی کـه در دوران تحصیـل، حـس ثبـات و تعلـق را تقویـت می‌کـرد.

---

1. Maslow's hierarchy of needs

این داستان نشان می‌دهد که سرمایه‌گذاری آگاهانه می‌تواند میراثی بسازد که از یک نسل فراتر رود. برای والدینی که آیندهٔ فرزندانشان را در اولویت می‌گذارند، هیچ پاداشی شیرین‌تر از دیدن رشد و موفقیت آن‌ها نیست؛ موفقیتی که ریشه در برنامه‌ریزی سنجیده و تصمیمات امروز دارد.

داستان ۶: فراتر از ظاهر: جست‌وجوی ارزش واقعی

کارآفرینی جوان، باتجربه و موفق، همیشه مجذوب پروژه‌هایی می‌شد که با زرق‌وبرق، تصاویر خیره‌کننده و وعده‌های لوکس عرضه می‌شدند. در یکی از سفرهایش به یک بازار نوظهور، پروژه‌ای را دید که همه چیزش فریبنده بود؛ از بروشورهای براق و امکانات اختصاصی گرفته تا شرایط پرداخت انعطاف‌پذیر.

اما در میان این جذابیت‌ها، مهم‌ترین سؤال بی‌پاسخ مانده بود: آیا پشت این ظاهر دلربا، ارزش واقعی و قانونی وجود دارد؟

وقتی او با دیدی دقیق‌تر وارد بررسی شد، حقیقت آشکار گشت: پروژه فاقد مجوزهای ضروری، و درگیر اختلافات حقوقی پیچیده‌ای بود. او توانست تعهد مالی اولیه‌اش را پس بگیرد، اما این کار ماه‌ها طول کشید و فشار روانی زیادی ایجاد کرد.

این تجربه به او و به ما یادآوری کرد که ظاهر می‌تواند فریبنده باشد، اما امنیت و ارزش پایدار در ذات و اصالت یک سرمایه‌گذاری نهفته است. درست مانند روان‌شناسی مثبت‌گرا[1] که تفاوت میان خوشی زودگذر و رضایت درونی را برجسته می‌کند، در سرمایه‌گذاری هم باید از وسوسه‌های لحظه‌ای گذر کرد و به بنیان‌های واقعی و قانونی تکیه داشت.

---

1. Positive psychology

داستان ۷: تعادل میان رؤیا و واقعیت

زوجی شیفتهٔ طبیعت و آرامـش، بـا شـوق فـراوان ملکی در منطقه‌ای دورافتـاده و خوش‌منظره خریدند. در ذهنشان تصویر یـک زنـدگی آرام، خودکفـا و سرشـار از زیبـایی شکل گرفتـه بـود.

امـا پـس از نقل مـکان، واقعیـت چهرهٔ دیگـری نشـان داد: اینترنـت ناپایـدار، مسیرهـای طـولانی بـرای رسیـدن بـه خدمـات ضـروری ماننـد مـدارس و مراکـز درمـانی و دسترسـی محـدود بـه امکانـات اولیه. رؤیایشان کم‌کـم جـای خـود را بـه ناامیـدی و احسـاس انـزوا داد. سـرانجام، ناچـار شـدند ملک را بفروشـند و بـه دلیـل موقعیـت نامناسـب، ضـرر مـالی قابـل توجـهی را بپذیرنـد.

زیبـایی طبیـعی و آرامـش ارزشـمندند، امـا بـرای داشـتن یـک زنـدگی موفـق و تصمیمـات شکوفا، این تجربـه یـادآور حقیقتـی مهـم اسـت: بایـد زیرسـاخت‌های ضـروری، دسترسـی آسـان بـه خدمـات و راحتـی روزمـره نیـز فراهـم باشـد. سـرمایه‌گذاری‌هـای بـزرگ کـه بـر سـبک زنـدگی اثـر می‌گذارنـد، زمـانی پایـدار و رضایت‌بخش خواهنـد بـود کـه هـم رؤیاهـا و هـم واقعیت‌هـای عملـی در کنـار هـم در نظر گرفتـه شـوند.

داستان ۸: قدرت تصمیم‌گیری به‌موقع و آگاهانه

یـک متخصـص جـوان بـا بودجـه‌ای متوسـط، مدت‌هـا در میـان انبـوه اطلاعـات و توصیه‌هـای گاه متنـاقض سـردرگم بـود. در یـکی از جلسـات مشـاوره بـا کارشنـاس مـورد اعتمـادش، فرصتـی در بـازاری نوظهـور و روبه‌رشـد، ماننـد منطقـهٔ لانـگ بیـچ در قبـرس شمـالی، بـه او معـرفی شـد. ایـن منطقـه، به‌واسطهٔ پروژه‌هـای زیرسـاختی در حـال اجـرا و

حمایت‌هـای دولـتی، پتانسـیل بـالایی بـرای رشـد داشـت. او بـا تکیـه بـر تحلیـل کارشـناس و تحقیقـات شـخصی خـود، تصمیـم گرفـت بـدون تعلل وارد عمـل شـود. تنهـا پـس از مـدت کوتـاهی، ارزش سـرمایه‌گذاری او رشـد قابـل توجـهی پیـدا کـرد و نشـان داد کـه اقـدام قاطـع و بـر پایـهٔ آگاهی، می‌توانـد نتایـج چشـمگیری بـه همـراه داشـته باشـد.

ایـن داسـتان یـادآور نکتـه‌ای کلیـدی اسـت: عـدم قطعیـت نبایـد بـه بهانـه‌ای بـرای بی‌عمـلی تبدیـل شـود. موفقیـت اغلـب در توانـایی ترکیـب بـررسی دقیـق بـا جسـارتِ اسـتفاده از لحظه‌هـای مناسـب نهفتـه اسـت؛ نـه در بی‌پـروا عمـل کـردن، بلکـه در تصمیم‌گیـری هوشـمندانه و به‌موقـع.

داستان ۹: سرمایه‌گذاری همسو با واقعیت زندگی

زوجی بازنشسـته، ابتـدا جـذب پروژه‌هـای لوکـس و پرزرق‌وبـرقی شـدند کـه بـا تصاویـر چشـمگیر و فهرسـتی طـولانی از امکانـات تبلیـغ می‌شـدند. امـا بـا کـمی تأمـل و مشـورت هوشـمندانه، فهمیدنـد کـه ایـن گزینه‌هـا نـه بـا سـبک زنـدگی سـاده و بی‌تکلفشـان سـازگار اسـت و نـه بـا بودجـه‌ای کـه بـا دقـت مدیریـت می‌کردنـد. درنهایـت، آن‌هـا تصمیـم گرفتنـد بـر گزینـه‌ای عمـلی و کامـلاً قانـونی تمرکـز کننـد: ملـکی کـه آسـایش روزمـره، دسـترسی آسـان بـه خدمـات ضـروری و امنیـت مـالی را فراهـم می‌کـرد. امـروز، آن‌هـا بـا آرامـش خاطـر زنـدگی می‌کننـد، مطمئـن از اینکـه انتخابشـان دقیقـاً بـا نیازهـا و واقعیت‌هـای زندگی‌شـان هم‌خـوانی دارد، نـه بـا یـک رؤیـای تبلیغـاتی.

ایـن تجربـه نشـان می‌دهـد کـه فشـارهای بیـرونی و وعده‌هـای فریبنـده، اغلـب تصویـری از «زنـدگی ایـده‌آل» ترسـیم می‌کننـد کـه ممکـن اسـت بـا واقعیـت فاصلـهٔ زیـادی داشـته باشـد. شـکوفایی واقـعی زمـانی شـکل

می‌گیرد که سرمایه‌گذاری‌هایمان در هماهنگی کامل با ارزش‌ها، ترجیحات و شرایط مالی‌مان باشند. همسویی‌ای که آرامش، رضایت پایدار و احساس خودپذیری را به همراه می‌آورد.

داستان ۱۰: از ناملایمات تا هدف: کاتالیزوری برای تغییر

یکی از دوستان نزدیک من وارد یک مسیر سرمایه‌گذاری شد که متأسفانه به اشتباهی پرهزینه انجامید. او به یک واسطهٔ غیررسمی اعتماد کرد و فریب تبلیغات جذاب، اما گمراه‌کننده، را خورد. سرمایه‌گذاری بدون مستندات قانونی و بر پایهٔ پروژه‌ای ناپایدار بود. من شاهد شب‌های بی‌خوابی، اضطراب از دست دادن سرمایه و احساس عمیق درماندگی او بودم. اما به‌جای اینکه فقط نظاره‌گر باشم، این تجربه تبدیل به انگیزه‌ای قدرتمند برای اقدام شد.

این چالش تلخ نیاز مبرمی را روشن کرد: وجود یک راهنمای قابل اعتماد و آگاه برای افرادی که در پیچیدگی‌های سرمایه‌گذاری بین‌المللی گام برمی‌دارند. این تجربه، تعهد شخصی مرا در استفاده از دانش و سوابق مشاورهٔ استراتژیکم برای حمایت و راهنمایی دیگران تقویت کرد و ناملایمات دوستم را به محرکی برای ساختن آینده‌ای امن‌تر و روشن‌تر برای بسیاری بدل ساخت.

تعهد به خدمت‌رسانی و بنا نهادن پایه‌ای از اعتماد، همسو با اصول روان‌شناسی مثبت‌گرا و مفاهیمی چون معنا و هدف است و نشان می‌دهد چگونه می‌توان از دل چالش‌های شخصی، نیرویی قوی برای خیر جمعی و شکوفایی عمیق‌تر خلق کرد.

نقشهٔ راه سرمایه‌گذاری شما: گام‌هایی به‌سوی شکوفایی

سرمایه‌گذاری در فرصتی جدید یا مکانی تازه، فراتر از یک تصمیم مالی است؛ این یک سفر به‌سوی آینده‌ای متفاوت و پرمعناست. در اینجا راهنمای گام‌به‌گامی ارائه شده است تا با اطمینان و آگاهی در این مسیر پیش بروید.

۱- تعریف واضح اهداف و انتخاب مکان مناسب

ابتدا دقیقاً مشخص کنید که هدف شما چیست؛ درآمد، رشد سرمایه، دریافت اقامت یا تغییر سبک زندگی. سپس بازارها و مناطقی را انتخاب کنید که با این اهداف هم‌خوانی دارند؛ برای نمونه، برخی مناطق قبرس شمالی ممکن است برای اهداف خاص شما بهترین باشند، همان‌طور که در بازارهای جهانی کلاس‌های دارایی مختلف، اهداف متفاوتی را دنبال می‌کنند.

۲- انجام بررسی دقیق و جامع[1]

قبل از هر تعهد مالی، وضعیت قانونی، مالکیت و تطابق سرمایه‌گذاری با مقررات را به‌دقت بررسی کنید. این مرحلهٔ حیاتی ممکن است شامل بررسی اسناد مالکیت، مجوزهای لازم، صورت‌های مالی و مستندات مرتبط دیگر باشد.

۳- مشاورهٔ تخصصی و مستقل

هرگز بدون راهنمایی یک مشاور حرفه‌ای و بی‌طرف که در زمینهٔ سرمایه‌گذاری، قوانین محلی و بازار تخصص دارد، اقدام نکنید. این مشاور شما را در پیچیدگی‌های مسیر همراهی خواهد کرد.

---

1. Due Diligence

۴- ساختار پرداخت‌های امن و واقع‌بینانه

شرایط پرداخت باید شفاف، قانونی و متناسب با توان مالی شما باشد. در صورت لزوم، گزینه‌های پرداخت مرحله‌ای و تراکنش‌های امن را بررسی کنید.

۵- رسمی‌سازی و محافظت از سرمایه‌گذاری

تمام ثبت‌های قانونی و مستندات مربوط به مالکیت و حقوق خود را تکمیل کنید. در سرمایه‌گذاری‌های ملکی، این کار شامل ثبت رسمی در ادارات مربوطه است. در دیگر انواع سرمایه‌گذاری، ثبت قراردادها و سهام الزامی است.

بازتاب طراحی زندگی شکوفا

سرمایه‌گذاری، چه در ملک و چه در هر دارایی مهم دیگری، فقط دربارۀ پول نیست؛ بلکه دربارۀ طراحی زندگی است. فرصتی برای توقف، تأمل و پرسش از خود: «من واقعاً می‌خواهم چه آینده‌ای بسازم؟»

وقتی سرمایه‌گذاری‌هایمان را با عمیق‌ترین ارزش‌هایمان یعنی آزادی، خانواده، یادگیری، سفر یا هر اصل مهم دیگر همسو می‌کنیم، درواقع مسیر شکوفایی را می‌گشاییم و از درآمدزایان منفعل، به معماران فعال زندگی خود تبدیل می‌شویم.

طی سال‌ها همراهی با مشتریان مختلف، آموخته‌ام که شکوفایی، سفری شخصی و منحصربه‌فرد است که با یک سؤال آغاز می‌شود: «شما می‌خواهید به چه آینده‌ای برسید؟»

امروز زمانی بگذارید تا به‌دقت بیندیشید؛ نه‌تنها به پول، بلکه به زمان، انرژی و رؤیاهای گران‌بهای خود. آیا سرمایه‌گذاری‌ها و

انتخاب‌هـای شـما بـا زنـدگی‌ای کـه آرزویـش را داریـد هم‌خـوانی دارنـد؟ اگـر پاسـخ منـفی اسـت، شـاید وقـت آن رسیـده اسـت کـه مسیرهـای تـازه‌ای را کشـف کنیـد.

چـه ایـن مسیـر شـامل سـرمایه‌گذاری اسـتراتژیک در امـلاک باشـد، چـه سـرمایه‌گذاری در آمـوزش و توسـعهٔ فـردی، هـر تصمیـمی کـه بـرای آینـدهٔ خـود می‌گیریـد، گامی مهـم به‌سـوی وجـودی غنی‌تـر و شـکوفاتر اسـت.

خانه‌ای در آن سوی آب‌ها

شکوفایی از طریق سرمایه‌گذاری آینده‌نگرانه در املاک

دربارهٔ نویسنده

امیرحسیــن حاجی‌غلامی مشاور اســتراتژیک و یک همـراه مـورد اعتمـاد در سـرمایه‌گذاری‌های بین‌المللی اسـت. او با بیش از ۲۶ سـال تجربـهٔ گسـترده، با مهارت فراوان، افراد و سـازمان‌های بی‌شـماری را در میـان چشـم‌اندازهای پیچیـدهٔ تجارت بین‌المللی، توسـعهٔ کسـب‌وکار پیچیده و سـرمایه‌گذاری اسـتراتژیک هدایـت کـرده اسـت. امیرحسـین فارغ‌التحصیل برجسـتهٔ رشـتهٔ مدیریـت از دانشـگاه تربیت مدرس اسـت و ثـروت عظیمی از دانـش آکادمیـک را بـا بینش‌هـای عملی عمیـق حاصل از کاربرد دانشـش در دنیـای واقعی ترکیـب می‌کند.

فلسـفهٔ حرفه‌ای او بر یک اصل بنیادی و بی‌نظیر اسـتوار اسـت: توانمندسازی تصمیم‌گیـری آگاهانه. او قاطعانه معتقد اسـت کـه به‌جای توصیـه به

انتخاب‌های عجولانه یا نسنجیده‌ای که می‌توانند منجر به پشیمانی شود، باید شرایط منحصربه‌فرد هر مراجع را با دقت بررسی کرد و همواره به روشن‌ترین آیندهٔ او نگریست. امیرحسین به دلیل تعهد بی‌دریغ خود به دقت تحلیلی، شجاعت بی‌کران و خلاقیت نوآورانه، به کنترل اوضاع در چالش‌برانگیزترین بحران‌ها شهرت دارد. برای او، یک مشکل هرگز پایان راه نیست، بلکه همواره و ذاتاً، آغاز یک راه‌حل است. سفر شخصی او به بازارهای بین‌المللی، به‌ویژه تجربیات پررنگ و سازنده در قبرس شمالی، رویکرد عمل‌گرایانهٔ او را غنی‌تر کرده است و به او اجازه می‌دهد راهنمایی‌هایی ارائه دهد که ریشه در دانش دست‌اول او از مقررات متنوع، نیروهای پویا، بازار و ظرایف فرهنگی دارد.

مأموریت شخصی امیرحسین با مشاهدهٔ اشتباه پرهزینهٔ سرمایه‌گذاری یکی از دوستان نزدیکش عمیقاً تقویت شد. آن تجربهٔ چالش‌برانگیز به کاتالیزور قاطعی برای امیرحسین تبدیل شد تا گروه **G۹۹ - یک انتخاب طلایی برای سرمایه‌گذاری آگاهانه** را تأسیس کند. مأموریت گروه G۹۹ فراتر از صرفاً معاملات است؛ این گروه اساساً با هدف ارائهٔ پشتیبانی بی‌دریغ به افرادی که به دنبال تصمیم‌گیری‌های آگاهانه، مطمئن و آرام در سرمایه‌گذاری هستند، شکل گرفته است. درحالی‌که تمرکز اولیهٔ این گروه بر هدایت ماهرانهٔ پیچیدگی‌های بازارهای نوظهور مانند قبرس شمالی بوده است، چشم‌انداز آن به‌طور جاه‌طلبانه برای گسترش راهنمایی‌های مورد اعتماد در سایر قلمروهای بین‌المللی روبه‌رشد، از جمله امارات متحدهٔ عربی و فراتر از آن، تعیین شده است.

گروه G۹۹ متعهد است که در تمام مراحل این سفر مهم، از همان گام

اولیهٔ اکتشافی تا هر لحظه‌ای که ممکن است به پشتیبانی مداوم نیاز داشته باشید، در کنار شما باشد. ما اینجا هستیم تا اطمینان حاصل کنیم که احساس انزوا، عدم قطعیت، یا شک و تردید، مسیر شما را تاریک نکرده است و مانع پیشرفتتان نمی‌شود.

شما صرفاً در دارایی‌ها سرمایه‌گذاری نمی‌کنید؛ **ما متعهد هستیم که به شما کمک کنیم آینده‌ای امن بسازید، رفاهی پایدار پرورش دهید و به شکوفایی واقعی دست یابید.**

تصمیم درست، راهنمای درست می‌خواهد.

راه‌های ارتباط با گروه G۹۹:

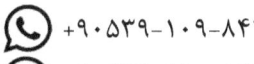

+۹۰۵۳۹-۱۰۹-۸۴۲۰
+۹۰۵۳۹-۱۱۰-۸۴۲۰
www.G99.biz
G99.biz
G99.ngo@gmail.com

از بقا تا شکوفایی

رشد پایدار با کوچینگ، یادگیری
و فرهنگ سازمانی تحول‌گرا

محسن خاکی

از بقا تا شکوفایی
رشــد پایــدار بــا کوچینــگ، یادگیــری و فرهنــگ ســازمانی تحول‌گــرا
محسن خاکی
کــوچ حرفــه‌ای بین‌المللــی مــورد تأییــد فدراســیون بین‌المللــی کوچینَــگ و متخصــص برندســازی

تاب‌آوری یا شکوفایی؛ ســازمان شــما در کــدام مســیر قــرار دارد؟

در محیــط ســازمانی، تــاب‌آوری[1] معمــولاً بــه معنــای توانایــی یــک فــرد یــا تیــم در مدیریــت چالش‌هــا، فشــارها و بحران‌هــای کاری اســت، بــدون اینکــه عملکــردش به‌طــور جــدی مختــل شــود. سازمان‌ها اغلــب تاب‌آوری را به‌عنــوان راهــی بــرای حفــظ بهره‌وری در شــرایط ســخت در نظــر می‌گیرنــد، امــا مشــکل اینجاســت کــه تاب‌آوری تنهــا بــه بازگشــت بــه حالــت اولیــه کمــک می‌کنــد، نــه بــه رشــد و پیشــرفت.

شــکوفایی[2] فراتــر از تــاب‌آوری اســت. افــرادی کــه شــکوفا هستند، نه‌تنهــا بــه مشــکلات واکنــش نشــان می‌دهنــد، بلکــه به‌طــور فعــال رشــد می‌کننــد، یــاد می‌گیرنــد و عملکــرد فوق‌العاده‌ای دارنــد. بــر اســاس نظریۀ دکتــر مارتیــن ســلیگمن[3]، روان‌شــناس مثبت‌گــرا، شــکوفایی ترکیبــی از پنــج عنصر اســت[4]:

---

1. Resilience
2. Flourishing
3. Martin Seligman
4. Seligman, M.E. (2011). *Flourish: A Visionary New Understanding of Happiness and Well-being*. Simon & Schuster Publishing.

- **احساسات مثبت**[1]: انگیزه و اشتیاق در کار
- **درگیری**[2]: داشتن حس معنا و ارتباط عمیق با کار
- **روابط**[3]: تعاملات قوی و سازنده در محیط کار
- **معنا**[4]: درک اینکه کار فرد ارزش‌آفرین است
- **دستاورد**[5]: احساس پیشرفت و رشد فردی

واقعیت این است که تاب‌آوری تنها بخشی از معادلهٔ موفقیت است. سازمان‌هایی که فقط روی تاب‌آوری کارکنان تمرکز می‌کنند، معمولاً با مشکلات زیر مواجه می‌شوند:

۱. فرسودگی شغلی[6]

در سال ۲۰۱۷، شرکت اوبر[7] به‌دلیل فرهنگ کاری شدیداً رقابتی خود، شاهد موجی از استعفاهای ناگهانی بود. کارمندان از فشار بی‌وقفه و ساعات کاری طاقت‌فرسا شکایت داشتند. تمرکز بیش‌ازحد روی **تاب‌آوری** بدون در نظر گرفتن نیاز به رشد و توسعهٔ فردی، باعث شد که بسیاری از کارکنان مستعد شرکت را ترک کنند. درنتیجه، اوبر مجبور شد مدل مدیریتی خود را بازنگری کند و برنامه‌های توسعهٔ حرفه‌ای جدیدی را برای کارکنانش راه‌اندازی کند.[8]

به‌عنوان نمونه‌ای دیگر، شرکت زاپوس[9]، یکی از برندهای شناخته‌شده

---

1. Positive Emotions
2. Engagement
3. Relationships
4. Meaning
5. Accomplishment
6. Burnout
7. Uber
8. Bhuiyan, J. (2017). This is how Uber plans to change its own company culture. *Vox.com.*
9. Zappos

در فـروش آنلایـن کفـش، در ابتدا فرهنـگ سـازمانی فوق‌العـاده‌ای داشت کـه کارکنـان را تشـویق بـه همـکاری و رشـد می‌کـرد، امـا بـا گسـترش سـریع شـرکت و افزایـش تقاضـا، بـه کارمنـدان خـود فشـار زیـادی وارد کـرد. ایـن فشـار زیـاد و عـدم ارائـهٔ فرصت‌هـای مناسـب بـرای آمـوزش و رشـد، باعـث بـروز فرسـودگی شـغلی و کاهـش بهـره‌وری در میـان کارکنـان شـد. طبـق گزارش‌هـا، ایـن شـرکت در سـال‌های اخیـر شـاهد افزایـش تـرک کارهـا و کاهـش رضایـت شـغلی بـوده اسـت.[1]

۲. کاهش بهره‌وری و انگیزه

در دهـهٔ ۲۰۰۰، مایکروسـافت بـه دلیـل فرهنـگ رقابتـی شـدیدی کـه در آن کارکنـان مجبـور بودنـد بـرای بقـا بجنگنـد، دچـار کاهـش خلاقیـت و انگیـزه شـد. کارکنـان درگیـر سیاسـت‌های داخلـی بودنـد و از تـرس شکسـت، ریسـک‌پذیری را کنـار گذاشـته بودنـد. نتیجـه ایـن شـد کـه مایکروسـافت در برابـر نوآوری‌هـای اپـل و گـوگل عقـب افتـاد.[2]

امـا چگونـه مایکروسـافت رویکـردش را از **تـاب‌آوری** بـه **شـکوفایی** تغییـر داد؟ وقتـی سـاتیا نـادلا[3] مدیرعامـل مایکروسـافت شـد، فرهنـگ سـازمانی را تغییـر داد و روی یادگیـری و پیشـرفت کارکنـان تمرکـز کـرد. او برنامه‌هـای کوچینـگ[4] سـازمانی و دوره‌هـای آموزشـی جدیـدی را معرفـی کـرد.[5]

درنتیجـه، مایکروسـافت دوبـاره بـه یـکی از نوآورتریـن شـرکت‌های دنیـا

---

1. Flony, R. (2016). Zappos CEO Tony Hsieh explains why 18% of employees quit during the company's radical management experiment. *Business Insider*.
2. Eichenwald, K. (2012). Microsoft's lost decade. *Vanity Fair*.
3. Satya Narayana Nadella
4. Coaching
5. Fiegerman, S. (2016). Microsoft stock hits a new all-time high. Here's why. CNN Tech.

تبدیل شد.[1]

به‌عنوان مثالی دیگر، نوکیا، که زمانی در صنعت تلفن همراه پیشتاز بود، در دهۀ ۲۰۰۰ دچار رکود شد و دلیل اصلی آن فرهنگ سازمانی‌ای بود که خلاقیت را سرکوب می‌کرد و به کارکنان فرصتی برای یادگیری و نوآوری نمی‌داد. نبود فضای باز برای یادگیری و کوچینگ، منجر به ایستا ماندن تفکر کارکنان و عدم رشد خلاقیت در آن‌ها شد.[2]

بنابراین، اپل و سامسونگ با ایجاد فضای یادگیری و تشویق کارکنان به نوآوری، گوی سبقت را ربودند و سهم بازار نوکیا به‌شدت کاهش یافت. بعدها، مدیرعامل نوکیا در سخنرانی معروف خود گفت: «ما کار اشتباهی نکردیم، اما شکست خوردیم.»[3]

۳. افزایش نرخ ترک کار

در سال ۲۰۲۱، بانک سرمایه‌گذاری گلدمن ساکس[4] با بحران ترک کار کارمندان جوان روبه‌رو شد. دلیل اصلی این بود که کارکنان احساس می‌کردند در حال فرسایش هستند و رشد نمی‌کنند.[5]

چطور این مشکل حل شد؟ شرکت گلدمن ساکس به‌جای تمرکز صرف بر افزایش حقوق، برنامه‌های کوچینگ و منتورینگ[6] را توسعه داد. این

1. Retrieved from https://www.inc.com/nick-hobson/satya-nadellas-microsoft-just-became-most-valued-company-in-world-its-thanks-to-psychology-not-tech.html
2. Doz, Y. L. (2017). The strategic decisions that caused Nokia's failure. *Knowledge@INSEAD*.
3. Butterfield, S. (2016). We didn't do anything wrong, but somehow, we lost... *CUInsight*.
4. Goldman Sachs
5. Damyanova, V. (2022). Flexibility beats pay as investment banks embrace hybrid work to secure talent. *S&P Global*.
6. Mentoring

تغییــر باعث شــد که کارکنان احســاس کنند مسیر مشخصی برای پیشــرفت دارنـد و نـرخ تـرک کار بهطـور قابلتوجهی کاهـش یافت.[1]

یـک نمونـهٔ دیگـر یاهـو اسـت کـه در اوایل دهـهٔ ۲۰۱۰، بـا وجـود داشــتن اسـتعدادهای برتـر، نتوانسـت محیطـی بـرای رشـد و شـکوفایی آنهـا فراهـم کنـد. فرهنـگ سـازمانی خشـک، عـدم فرصتهـای یادگیـری و نداشـتن برنامههـای کوچینـگ و توسـعهٔ فـردی باعث شـد بسیاری از نخبـگان فنـی یاهـو، شـرکت را تـرک کننـد و بـه رقبایی ماننـد گـوگل و فیسـبوک بپیوندنـد.[2]

درنتیجـه، طی چنـد سـال، یاهـو از یـک غـول تکنولـوژی بـه شـرکتی تبدیـل شـد کـه بهسـختی میتوانسـت بـا دیگـران رقابت کنـد. درنهایـت، ایـن شـرکت در سـال ۲۰۱۷ توسـط ورایزن[3] خریـداری شـد و بسیاری از اسـتعدادهای خـود را از دسـت داد.

۴. نوآوری محدود

در سـالهای ابتـدایی، نتفلیکـس[4] شـرکتی بـود کـه فقـط بـرای «دوام آوردن» تـلاش میکـرد و از رقابـت بـا غولهـایی مثـل بلاکباسـتر[5] هـراس داشـت، امـا وقتـی شـروع بـه سـرمایهگذاری روی توسـعهٔ کارکنـان و برنامههـای کوچینـگ کـرد، تحولی در فرهنـگ سـازمانیاش ایجـاد شـد.

درنتیجـه، کارکنـان احسـاس کردنـد ایدههایشـان شـنیده میشـود و

1. Goldman Sachs. (n.d.). Maximizing the potential of our people. GoldmanSachs.com
2. Yahoo's brain drain shows a loss of faith in the company. (2016). *The Irish Times*.
3. Verizon
4. Netflix
5. BlockBuster

فرصتی بـرای رشـد دارنـد. ایـن تغییـر فرهنگـی باعـث شـد نتفلیکـس بـه یـکی از موفق‌تریـن شـرکت‌های دنیـا تبدیـل شـود.[1]

به‌عنوان مصـداقی دیگـر، بلک‌بـری[2] زمانـی در بـازار تلفن‌هـای هوشـمند پیشـرو بـود، امـا زمانـی کـه اپـل و گـوگل روی توانمندسـازی کارکنـان، ایجـاد فضـای یادگیـری و حمایـت از ایده‌هـای نـو سـرمایه‌گذاری کردنـد، بلک‌بـری در همـان رویکـرد سـنتی خود مانـد و کارکنانش احسـاس می‌کردنـد فضایـی بـرای رشـد و نـوآوری ندارنـد و ایده‌هـای جدیدشـان شـنیده نمی‌شـود.[3]

درنتیجـه، اپـل و سامسـونگ بـا جـذب اسـتعدادهای برتـر و ایجـاد فرهنگـی کـه نـوآوری را تشـویق می‌کرد، به‌سـرعت از بلک‌بـری پیشـی گرفتند و سـهم بـازار بلک‌بـری از ۲۰ درصـد در سـال ۲۰۰۹، بـه کمتـر از ۱ درصـد در سـال ۲۰۱۷ رسـید.[4]

مسیر شکوفایی کارکنان در سازمان‌های موفق دنیا

بـر اسـاس مطالعـه‌ای از مؤسسـهٔ گالـوپ،[5] سـازمان‌هایی کـه برنامه‌هـای توسعـهٔ فـردی و کوچینـگ را در اولویـت قـرار داده‌انـد، شـاهد **افزایـش در مشـارکت** و **عملکـرد** کارکنـان و کاهـش تـرک کار بوده‌انـد.[6]

نظرسـنجی‌های گالـوپ نشـان داده‌انـد کـه وقتـی سـازمان‌ها بـا کارکنـان خـود جلسـات گفت‌وگـوی هدفمنـد و مـداوم، به‌ویـژه در قالـب کوچینـگ،

---

1. Aletta. (2024). *Theory meets practice at Netflix: A case study on modern organisational development.* Aletta Focus Marketing.
2. Blackberry
3. Sekar, N. (2024). *BlackBerry's siloed culture: Case study.* Medium.
4. Rossignol, J. (2017). *BlackBerry hits '0%' market share nearly ten years after iPhone launched.* MacRumors.
5. Gallup
6. Harter, J. (2018, July 29). *Employee engagement vs. employee satisfaction and organizational culture.* Gallup.

برگـزار می‌کننـد، نیـروی انسـانی تـا ۴۵ درصـد کمتـر احتمـال تـرک شـغل دارد و تـا ۶۵ درصـد کمتـر تمایـل بـه جسـت‌وجوی شـغل جدیـد نشـان می‌دهد. [1]

نمونـه‌ای موفـق در اجـرای اسـتراتژی توسـعۀ فـردی، شـرکت جانسـون و جانسـون[2] اسـت. ایـن شـرکت بـا اجـرای برنامـۀ انـرژی بـرای عملکـرد[3] توانسـت نتایـج زیـر را بـه دسـت بیـاورد:

- افـرادی کـه دوره را گذراندنـد، ۲۵ درصـد بیشـتر احتمـال داشـت کـه طـی سـال بعـد ارتقـاء شـغلی بگیرنـد.
- پیش‌بینـی شـد تقریبـاً ۲۰۰ میلیـون دلار صرفه‌جویـی از طریـق کاهـش تـرک کار تـا سـال ۲۰۲۰ محقـق می‌شـود.[4]

چگونـه کوچینـگ کارکنـان را از تـاب‌آوری بـه شـکوفایی می‌رساند؟

در مقالـه‌ای بـا نـام «رهبـر به‌عنـوان کـوچ» ایـن نکتـه توضیـح داده شـده اسـت کـه وقتـی مدیـران نقـش **کـوچ** را می‌پذیرنـد و بـا روشـی حمایتـی عمـل می‌کننـد، می‌تواننـد **انـرژی، نـوآوری و تعهـد** تیـم را به‌طـور قابل‌توجهـی افزایـش دهنـد. [5]

همچنیـن پژوهشـی دیگـر نشـان می‌دهد کارکنانـی کـه احسـاس تعلـق قوی در محیـط کار دارنـد، به‌طـور میانگیـن ۵۶ درصـد عملکـرد شـغلی بالاتـر و

1. Yi, R. (2024). *Employee retention depends on getting recognition right.* Gallup.
2. Johnson & Johnson
3. Energy for Performance (E4P)
4. Bartz, A. (2018). This healthcare company determined to have the healthiest employees in the world. *J&J.*
5. Ibarra, H; Scoular, A. (2019). The leader as coach: How to unleash innovation, energy, and commitment. *Harvard Business Review.*

۵۰ درصد خطـر تـرک شـغل کمتـر دارنـد. آن‌هـا همچنیـن ۷۵ درصـد کمتـر غیبـت می‌کننـد. درنتیجـه، یـک شـرکت بـا ده‌هـزار کارمنـد می‌توانـد تـا ۵۲میلیـون دلار در بهـره‌وری صرفه‌جویـی داشـته باشـد. در چنیـن شـرکتی، انگیـزهٔ کارکنـان بـرای معرفـی کارفرمایشـان نیـز ۱۶۷ درصـد بیشـتر اسـت.[1]

یکـی از تجربه‌هـای جالبـی کـه به‌طـور مسـتقیم بـه ایـن مطالعـات مرتبـط اسـت، زمانـی بـود کـه بـا یکـی از مراجعانـم، کـه در یـک شـرکت بـزرگ مدیـر پـروژه بـود، جلسـات کوچینـگ داشـتم. او هـر روز بـا چالش‌هـای جدیـدی روبـه‌رو می‌شـد کـه ذهنـش را درگیـر می‌کـرد و حتـی ایـن فکـر بـه ذهنـش رسـیده بـود کـه شـاید هیچ‌وقـت مدیـر موفقـی نخواهـد شـد. او بـا گذشـت چنـد مـاه از جلسـات کوچینـگ، بـا تمرکـز روی شناسـایی نقـاط قـوت خـود و همچنیـن تمریـن تصمیم‌گیـری در شـرایط چالش‌برانگیـز، شـروع بـه دیـدن نتایـج مثبـت کـرد و نه‌تنهـا پروژه‌هـای پیچیده‌تـر را بـا موفقیـت مدیریـت کـرد، بلکـه از طریـق ایـن رونـد، بـه رهبـری تأثیرگـذار تبدیـل شـد کـه توانسـت تیـم خـود را بـه سـمت شـکوفایی هدایـت کنـد.

یـک نمونـهٔ دیگـر از مراجعانـم مدیـر بازاریابـی یـک سـازمان بـزرگ بـود کـه در محیطـی پـر از رقابـت و فشـار کار می‌کـرد. در دنیـای رقابتـی امـروز، جایـی بـرای «دوره‌هـای گـذار» وجـود نـدارد. شـرکت رقیـب، دقیقـاً در همـان عرصـه، رشـد چشـمگیری داشـت و مدیـران آن به‌وضـوح از رویکردهـای جدیـد و شـکوفایی کارکنـان خـود اسـتفاده می‌کردنـد. فشـار روزافـزون از طـرف تیـم، او را مجبـور بـه تصمیم‌گیری‌هایـی کـرد کـه تنهـا بـر «حـل سـریع مشـکل» تمرکـز داشـت، نـه رشـد فـردی و راهبـردی. پـس

---

1. BetterUp. (2019). Industry-leading research shows companies that fail at belonging lose tens of millions in revenue. *BetterUp*.

از شـروع کوچینـگ، ایـن مدیـر نه‌تنهـا توانسـت راه‌حل‌هایـی مبتنی‌بـر شکوفایـی پیـدا کنـد، بلکـه بـا تصمیمـات شجاعانه‌تـر و خلاقانه‌تـر، تیمـش را بـه یـک سـطح بالاتـر از بهـره‌وری و نـوآوری رسـاند.

یکـی دیگـر از مراجعانـم مدیـری در یـک سـازمان بـزرگ بـود کـه همیشـه بـر اسـاس مشـکلات روزمـره کار می‌کـرد و هیچ‌گاه نمی‌توانسـت بـرای بررسـی مسـیر شـغلی و رشـد فـردی خـود، زمـان کافـی اختصـاص دهـد. تـا اینکـه یـک روز از او خواسـته شـد مسـئولیت یـک پـروژه شـامل رهبـری یـک تیـم از بخش‌هـای مختلـف سـازمان را بـر عهـده بگیـرد. او ابتـدا شـک داشـت و فکـر می‌کـرد کـه شـاید نتوانـد از پـس ایـن چالـش برآیـد، امـا در اولیـن جلسـۀ کوچینـگ، وقتـی از او خواسـتم تـا در مـورد «موفقیت‌هـای گذشـته‌اش» فکـر کنـد، بـه خـود اعتمـاد بیشـتری پیـدا کـرد. او تصمیـم گرفـت کـه از ایـن موقعیـت به‌عنـوان فرصتـی بـرای یادگیـری اسـتفاده کنـد و در مسـیر شـکوفایی قـدم بـردارد. در طـول مسـیر، بـا چالش‌هـای بزرگـی مواجـه شـد، امـا درنهایـت، ایـن پـروژه تبدیـل بـه یـکی از بزرگ‌تریـن دسـتاوردهای کاری او شـد.

قدم بعدی شما چیست؟

شـما فقـط یـک کارمنـد نیسـتید؛ شـما یـک برنـد، یـک سـرمایه و یـک تأثیرگـذار بالقـوه در سـازمان خـود هسـتید. رشـد شـما نه‌تنهـا بـه نفـع شـما، بلکـه بـه نفـع کل سـازمان اسـت. اکنـون زمـان آن رسـیده اسـت کـه گام‌هـای بعـدی را بردارید.

• آیـا واقعـاً در مسـیر شـکوفایی هسـتید یـا فقـط در حـال تحمـل شـرایط؟

• قـدم اول شـما بـرای رشـد فـردی و حرفـه‌ای چیسـت؟ چه

مهارت‌هایی نیاز دارید تا در حرفهٔ خود پیشرفت کنید؟

- چگونه می‌توانید از کوچینگ برای ارتقاء شغلی خود استفاده کنید؟

شکوفایی در عمل: تمرین‌های تفکر انتقادی و کوچینگ

تمرین‌های زیر به شما کمک می‌کنند تا ذهنیت فعلی خود را ارزیابی کنید، باورهای محدودکننده را به چالش بکشید و اقدامات معناداری برای رشد شخصی و حرفه‌ای خود انجام دهید.

۱. ایمیل به خودِ آینده‌تان: بهترین نسخهٔ خود در یک سال

- هدف: رشد خود را مجسم کنید، مسئولیت مسیر حرفه‌ای‌تان را بر عهده بگیرید و در سازمان خود تأثیری معنادار بگذارید.

- دستورالعمل: یک ایمیل، با تاریخ یک سال بعد از امروز، به خودتان بنویسید و تصور کنید که در نقش فعلی‌تان رشد کرده‌اید. سعی کنید دستاوردهای مشخص و تغییرات ذهنیتی را که به موفقیت شما کمک کرده‌اند، توصیف کنید.

  - **دستاوردهای کلیدی:** کدام اهداف حرفه‌ای را محقق کرده‌اید؟ آیا پروژه‌های موفقی را رهبری کرده‌اید، مهارت‌های مهمی را بهبود بخشیده‌اید، یا به شکلی مؤثر به موفقیت تیم خود کمک کرده‌اید؟

  - **مدیریت چالش‌ها:** اکنون چگونه با موانع روبه‌رو می‌شوید؟ چه راهبردهایی برای مدیریت تغییرها و چالش‌های احتمالی در پیش گرفته‌اید؟

  - **عادات مؤثر:** چه رفتارها یا روال‌های جدیدی

به شما کمک کرده‌اند که در تیم خود کارآمدتر، مقاوم‌تر و تأثیرگذارتر باشید؟

- **راهنمایی‌هایی از خودِ آینده‌تان:** اگر نسخه‌ای از شما، که یک سال جلوتر است، بخواهد شما را راهنمایی کند، چه خواهد گفت؟ چه کارهایی را باید شروع کنید، متوقف کنید یا ادامه دهید تا به بالاترین سطح توانایی خود برسید؟

این ایمیل را طوری بنویسید که گویی نسخهٔ آیندهٔ شما در حال صحبت با شماست. آن را برای ارسال در آینده زمان‌بندی کنید یا هرازگاهی به آن سر بزنید و روند پیشرفت خود را بررسی کنید.

۲. چالشِ «اگر»: خروج تدریجی از منطقهٔ امن

- هدف: به چالش کشیدن فرضیات و توسعهٔ توانایی انطباق زندگی و کار
- دستورالعمل: به این سه سؤال به‌صورت مکتوب پاسخ دهید:

- **اگر** فردا شغل خود را از دست بدهید، چقدر برای قدم بعدی آماده‌اید؟
- **اگر** مجبور بودید به‌طور غیرمنتظره‌ای نقش رهبری را بپذیرید، چه نقاط قوت و ضعفی وجود دارند که باید به آن‌ها رسیدگی کنید؟
- **اگر** شکست یک گزینه نبود، امروز چه تصمیم جسورانه‌ای می‌گرفتید؟

۳. آزمونِ «پیش‌فرض‌های ناگفته»

- هدف: به چالش کشیدن باورهای محدودکننده که ممکن است مانع رشد شغلی، شخصی یا رهبری شما

شـوند.

- دسـتورالعمل: شـرایطی را کـه ممکـن اسـت شـما را محـدود کننـد، شناسـایی کنیـد. ایـن جمـلات را کامـل کنیـد:

  - من نمی‌توانم درخواست ترفیع بدهم، چون...

  - من در جلسات از صحبت کردن خودداری می‌کنم، چون...

  - من ریسک نمی‌کنم، چون...

  - من نمی‌توانم زندگی خود را تغییر دهم، چون...

هر فرضیه را به چالش بکشید:

- آیا این همیشه درست است؟

- اگـر خـلاف آن عمـل کنـم، بدتریـن چیـزی کـه می‌توانـد اتفـاق بیفتـد چیسـت؟

- ایـن هفتـه چـه اقدامـی می‌توانـم انجـام دهـم تـا ایـن بـاور را بـه چالـش بکشـم؟

۴. کارت امتیاز شکوفایی: وضعیت شما چگونه است؟

- هـدف: ارزیابـی سـلامت روانـی و رفـاه بـا اسـتفاده از مـدل پرما[1](چارچـوب روان‌شناسـی مثبت‌گـرا).

- دسـتورالعمل: خـود را در ایـن پنـج حـوزه از شـکوفایی ارزیابـی کنیـد (از ۱ تـا ۱۰):

  - احساسـات مثبـت – آیـا شـادی، قدردانـی و خوش‌بینـی را احسـاس می‌کنـم؟

  - درگیری – آیا در فعالیت‌های معنادار و عمقی مشارکت دارم؟

---

۱. PERMA سـرواژه‌ای اسـت کـه نمایانگـر پنـج عنصـر اصلـی رفـاه بـر اسـاس مـدل روان‌شناسـی مثبت‌گـرا اسـت: احسـاس مثبـت (Positive Emotion)، درگیـری (Engagement)، روابـط (Relationships)، معنـا (Meaning) و دسـتاورد (Accomplishment). ایـن عناصـر، زمانـی کـه در اولویـت قـرار گیرنـد، می‌تواننـد بـه احسـاس شـکوفایی و رفـاه کلـی کمـک کننـد.

- روابط — آیا ارتباطات حمایتی و غنی دارم؟
- معنا — آیا احساس معنای قوی دارم؟
- دستاورد — آیا به‌سوی اهداف معنادار پیش می‌روم؟

تفکر: کدام حوزه کمترین امتیاز را دارد؟ چه اقدامی می‌توانم در این ماه انجام دهم تا آن را بهبود ببخشم؟

۵. تست رشد ۹۰ روزه: همین حالا اقدام کنید

- هدف: حرکت از بقا به شکوفایی آگاهانه
- دستورالعمل: یک حوزهٔ خاص را برای رشد در ۹۰ روز آینده انتخاب کنید.
- حوزه‌ها: رهبری، ارتباطات، تصمیم‌گیری، مدیریت استرس، سلامت، اعتمادبه‌نفس، تعادل کار و زندگی، هوش هیجانی
- گام ۱: یک عادت کوچک و مداوم را که از این رشد حمایت می‌کند شناسایی کنید.
- گام ۲: یک چالش را، که ممکن است در این مسیر با آن مواجه شوید، پیش‌بینی کنید و نحوهٔ غلبه بر آن را بنویسید.
- گام ۳: یک شریک (همکار، مربی، دوست) پیدا کنید تا جواب‌هایتان را با او بررسی کنید.

۶. بازاندیشی دربارهٔ «تأثیر نامرئی»: میراث شما در کار و زندگی

- هدف: تشویق افراد به تفکری فراتر از روال‌های روزانه و شناخت تأثیرهای عمیق و ماندگار
- دستورالعمل: به این سؤالات صادقانه پاسخ دهید:

- اگــر امــروز شــرکت خــود را تــرک کنیــد، مــردم چگونــه مشــارکت‌های شــما را بــه یــاد خواهنــد آورد؟
- در محــل کار و زندگــی شــخصی‌تان چــه تأثیر مانــدگاری می‌گذاریــد؟
- چه نوع مربی یا رهبری می‌خواهید باشید؟
- ایــن هفتــه چــه اقدامــی می‌توانیــد انجــام دهیــد تــا میــراث خــود را تقویــت کنیــد؟

اســتفاده از بینش‌هــای ایــن فصــل و تمرین‌هــای ارائه‌شــده بــه شــما کمــک می‌کنــد تــا فرضیــات خــود را بــه چالــش بکشــید، از پتانسیل‌هــای خــود اســتفاده کنیــد و گام‌هــای آگاهانــه‌ای به‌ســوی زنــدگی شــکوفا برداریــد؛ چــه در زنــدگی شــخصی و چــه در زنــدگی حرفــه‌ای.

از بقا تا شکوفایی

رشد پایدار با کوچینگ، یادگیری و فرهنگ سازمانی تحول‌گرا

دربارۀ نویسنده

محسـن خـاکی نویسـنده، کـوچ حرفـه‌ای بین‌المللـی مـورد تأییـد فدراسیـون بین‌المللـی کوچینـگ[1] و متخصـص برندینـگ اسـت. او مسیـر حرفـه‌ای‌اش را در هجده‌سالـگی بـا تدریـس زبان انگلیسـی آغـاز کـرد. تغییـرات او در ایـن مسیـر از همـان سـال‌های ابتـدایـی رخ داد؛ زمـانی کـه تصمیـم گرفـت پـس از فارغ‌التحصیلـی از دانشـگاه در رشتـۀ مهنـدسی مکانیـک، بـه رشتـۀ آمـوزش زبـان انگلیسـی روی بیاورد.

شکسـت در آغـاز مسیـر کارآفرینـی، محسـن را بـه دیدگاهـی عمیـق نسبـت بـه چالش‌هـا و فرصت‌هـا بـرای تقویـت برندش رهنمـون سـاخت. اکنـون، بـا بیـش از دو دهـه سابقـۀ تدریـس و مشاورۀ زبان و بـا برگـزاری هـزاران کارگاه موفـق، او بـه نامـی شناخته‌شـده در آمادگـی آزمون‌هـای

---

1.   International Coaching Federation (ICF)

بین‌المللی، مخصوصاً آیلتس[1]، تبدیل شده است.

تغییر مسیر حرفه‌ای محسن، میل به ارزش‌آفرینی بیشتر را در او تقویت کرد و او را به سمت فراگیری علوم مدیریت کسب‌وکار، بازاریابی و فروش، برندینگ، روان‌شناسی و نیز گذراندن دوره‌های تخصصی بین‌المللی کوچینگ هدایت کرد؛ جایی که توانست مهارت‌های خود را در توسعهٔ کسب‌وکار و نیز رشد فردی به کار گیرد. او اکنون به‌عنوان یک کوچ حرفه‌ای موفق در سطح اول جهانی فعالیت می‌کند و با تکیه بر تجربهٔ برگزاری هزاران ساعت کوچینگ تخصصی و صدها مراجع در عرصهٔ بین‌المللی، به صاحبان کسب‌وکار، رهبران و مدیران سازمان‌ها در ایجاد چارچوب رهبری پایدار و برنامهٔ اقدام تحول‌آفرین، چابکی استراتژیک، ذهنیت رشد، فرهنگ نوآوری در کسب‌وکار و افزایش بهره‌وری تیم‌ها کمک می‌کنند.

محسن همچنین برنامه‌ها و کارگاه‌های متعددی را با هدف شناسایی و پرورش استعدادهای فردی و حرفه‌ای افراد طراحی و اجرا کرده است. او از این طریق به افراد، ازجمله کارکنان سازمان‌ها، کمک می‌کند تا با شناسایی نقاط قوت خود، بتوانند مسیر شخصی و شغلی خود را به بهترین شکل ممکن پیش ببرند.

محسن مشتاق یادگیری و مطالعه است و علاقهٔ زیادی به ورزش، سفر و موسیقی دارد.

1. IELTS: International English Language Testing System

راه‌های ارتباط با نویسنده:

حوزهٔ کوچینگ:

www.mohsenkhakicoaching.com
mohsenkhakicoaching@yahoo.com
mohsenkhakicoaching

حوزهٔ آیلتس:

www.mohsenkhaki-ielts.com
ieltskhaki@gmail.com
IELTS Khaki

از غربت تا خویشتن

سفری به‌سوی شکوفایی؛ از مهاجرت تا بازیابی هویت در دنیایی ناپایدار

نگار دیانت

از غربت تا خویشتن
سفری به‌سوی شکوفایی؛ از مهاجرت تا بازیابی هویت در دنیایی ناپایدار

نگار دیانت
مشاور و کوچ ارتقای سلامت و شکوفایی

در مسیری راه می‌روی، دیوانه‌ای را می‌بینی که فریاد می‌زند: «بدو! بدو! خانه‌ات سوخت!» به‌سوی خانه می‌دوی. می‌دانی او دیوانه است، اما بااین‌حال می‌دوی تا مطمئن شوی که خانه و خانواده‌ات در امان هستند. مغز مثل همین دیوانه است؛ بارها ذهنت را به بازی می‌گیرد. بارها و بارها می‌دوی، مضطرب می‌شوی و بارها و بارها فریب مغزت را می‌خوری.

اضطراب بخش جدایی‌ناپذیری از زندگی من بود. باوری قدیمی وجود دارد که هر درد و رنجی پیامی دارد که تا زمانی که متوجه آن نشویم بارها و بارها تکرار می‌شود. تلنگرهای جسمی و روحی بارها و بارها تکرار می‌شوند تا دوباره زندگی‌ات را مرور کنی. این اتفاق برای من در اواخر تابستان یا اوایل پاییز ۲۰۲۲ افتاد. شهریورماه یا شاید هم اوایل مهرماه بود؛ در میان هوای لطیف و دلپذیر کانادا، حضور پدر و مادرم در مونترال،[1] تلاش برای لذت بردن از زندگی، مشکلات ایران و افکار درهم‌وبرهمی که اجازهٔ هیچ کاری را نمی‌دادند سرگردان بودم. در اوج این فکرها و دغدغه‌ها، صدایی که ناگهان مرا به خود آورد، صدای بیب‌بیب دستگاه قلب و احساس درد

---

1. Montreal

در بازوی چپم بود. نوری قرمز دور سرم چرخید و از هوش رفتم. در آمبولانس و در مسیر بیمارستان به هوش آمدم؛ آمبولانسی که آژیر نمی‌کشید. با خودم گفتم: «چقدر اورژانس‌های کانادا همه‌چیز را ساده می‌گیرند!» پرستار فشارم را کنترل کرد و در پاسخ به سؤالم که «چرا به بیمارستان نمی‌رسیم؟»، آرام گفت: «نگران نباش، می‌رسیم.» بعد با آرامش از من پرسید: «چرا وقتی دیدی فشارت بالاست، بیرون نرفتی و قدم نزدی؟» با خودم فکر کردم شوخی می‌کند. با فشار بیست روی دوازده قدم می‌زدم؟ آخر چطوری؟ پرستار با آرامش گفت: «اگر بیرون می‌رفتی و قدم می‌زدی مغزت فعال می‌شد، استرست کاهش پیدا می‌کرد و فشارت به حالت طبیعی برمی‌گشت. تو فقط مضطربی، همین!» بارها و بارها این را شنیده بودم: «تو فقط مضطربی!» من دارم سکته می‌کنم، بازوی چپم تیر می‌کشد و این پرستار راحت می‌گوید برو قدم بزن! به بیمارستان رسیدیم و فرایند آزمایش[1] شروع شد. چسب‌های دستگاه اکو را روی بدنم چسباندند. تصمیم گرفتم خودم را رها کنم و بگویم هرچه پیش آید، خوش آید، اما خودم هم می‌دانستم که این فقط حرف است! شروع به مرور مسیر زندگی‌ام کردم.

مهاجرت؛ ورود به دنیایی جدید

برای روایت داستان، باید به تابستان گرم ۲۰۱۴ برگردم. پانزدهمین سالگرد ازدواجمان را جشن گرفته بودیم. یک فرایند سه‌ساله را برای گرفتن ویزا پشت سر گذاشته بودیم و قرار بود من، همسرم و فرزند ده‌ساله‌ام به کانادا مهاجرت کنیم. آن موقع نمی‌دانستم برای رفتن

---

1. Check-up

مهاجرت کافی نیست؛ باید حافظه‌ات را پاک کنی! فکر می‌کردم تنها قرار است مکان زندگی ما تغییر کند، اما واقعیت این بود که هویت ما تغییر می‌کرد. مردی که پانزده سال با او زندگی کرده بودم، ابعادی داشت که نشناخته بودم و خودم هم پا به منطقهٔ تاریک وجودم گذاشته بودم. نمی‌دانستم که مهاجرت قرار است این‌قدر هویت و نحوهٔ تفکر مرا تغییر دهد.

در خانهٔ خانم ایرانی محترمی دو اتاق اجاره کردیم و یک هفتهٔ عجیب را در آنجا گذراندیم؛ اقامتی موقت و کوتاه در خانهٔ بانویی که آشنا بود و درعین‌حال غریبه! درون مرزهای خانه همه‌چیز مثل ایران بود، اما پنجره‌ها رو به دنیایی دیگر باز می‌شد. همه‌چیز متفاوت بود. در خیابان‌ها، حیرت‌زده، با کاغذها و فرم‌های اداری می‌چرخیدیم. از باز کردن حساب بانکی تا ثبت‌نام مدرسهٔ دخترم، همه‌چیز با ایران متفاوت بود. قوانین، رفتارها، و حتی کارهای روزمره مثل خرید و استفاده از وسایل حمل‌ونقل عمومی برایمان تازگی داشت. در دنیایی که همه‌چیز از قبل برنامه‌ریزی‌شده و رسمی بود، من تازه باید یاد می‌گرفتم که زندگی‌ام را از نو بسازم؛ دقیقاً مانند کودکی ناآشنا با دنیای بزرگ‌ترها. از یک فرهنگ کاملاً خاورمیانه‌ای و تقریباً مردسالار، وارد دنیایی شده بودم که می‌دیدم مردها کنار زن‌ها هستند و همراه زن‌ها و پابه‌پای آن‌ها در ساختن دنیایی برابر تلاش می‌کنند؛ دنیایی که در آن برای زنان هم به اندازهٔ مردان اهمیت و ارزش قائل‌اند. اما آیا این برابری و آزادی جدید به معنای راحت‌تر شدن زندگی من بود؟ نه دقیقاً. تازه فهمیدم که چالش واقعی مهاجرت، تغییر خودم بود!

.

بچه‌ها با کشور جدید راحت‌تر کنار می‌آیند. بعد از شش ماه دیدم که دخترم فرانسه را مثل زبان مادری صحبت می‌کند و در مدرسه خوشحال است. انگار دنیا را به من دادند، اما آن‌قدر غرق در تلاش بودم که حتی نمی‌دانستم چطور از این شادی لذت ببرم. بعد از مدت‌ها تلاش، کار پیدا کردم، تجربهٔ کانادایی به دست آوردم و بالاخره به شغل ایده‌آلم رسیدم، اما درست همان موقع که فکر می‌کردم بالاخره به ثبات رسیده‌ام، نامه‌ای به دستم رسید: «دیگر به خدمات شما نیازی نیست.»

آن لحظه انگار دنیا روی سرم خراب شد. فکر می‌کردم به آخر خط رسیده‌ام، اما نمی‌دانستم که در هر پایانی شروعی نهفته است. چندی بعد، شغلی بهتر و محیطی آرام‌تر پیدا کردم. این تجربه یک چیز را به من یاد داد: «اگر بلد نباشی چطور با بحران‌ها روبه‌رو شوی، دنیا بارها و بارها تو را زمین خواهد زد.» من بارها و بارها زمین خوردم تا بفهمم دلیل شکست‌هایم کجاست.

زن مهاجر: نقش‌های چندگانه و تنهایی در دنیای جدید

این تازه شروع چالش‌های واقعی بود. زن مهاجر بودن فقط کنار آمدن با تفاوت‌های فرهنگی نبود، بلکه سفری ناخواسته به اعماق نقش‌های جدید و فشارهای نامرئی بود؛ سفری که در آن باید همواره قوی می‌ماندی، حتی وقتی که از درون فرومی‌ریختی. زندگی با استانداردی متفاوت را برای سی و نه سال تجربه کرده‌ای و ناگهان وارد دنیایی می‌شوی که در آن باید از صفر شروع کنی. اما چرا باید استانداردت را پایین بیاوری؟ نه، تو آن را حفظ می‌کنی، حتی بالاتر می‌بری. اما در این میان، چیزی تغییر می‌کند. اگر در

سـرزمین مـادری همیشـه کـسی کنـارت بـود، بـرای تمیـز کـردن خانـه، اتـو کشیـدن لبـاس، یـا حـتی پـر کـردن لحظه‌هـای تنهـایی‌ات، اینجـا، در ایـن سـرزمین جدیـد، همه‌چیـز بـه خـودت بسـتگی دارد؛ خـودت خریـد می‌کـنی، می‌پـزی، می‌شـویی، تمیـز می‌کـنی، و از همـه مهم‌تـر، تنهـا می‌شـوی. تـازه می‌فهـمی کـه تنهـایی فقـط نبـودن دیگـران نیسـت، بلکـه مواجـه شـدن بـا خـودِ واقـعی‌ات اسـت.

ترسـناک اسـت، نـه؟ بـه نظـر مـن هسـت. بعـد از این‌همـه سـال، هنـوز هـم ترسـناک اسـت. شـاید همین‌جاسـت کـه بسـیاری از زنـان مهاجـر از هـم می‌پاشـند. اینجا، میان سـنتی کـه در وجـودت ریشـه دارد و مدرنیته‌ای کـه بـه تـو تحمیـل شـده اسـت؛ جـایی کـه از تـو انتظـار می‌رود هـم زن سـنتی بـاشی، هـم زن مسـتقل؛ هـم کار کـنی، هـم خانـه را بچرخـانی، هـم مـادری کـنی و هـم زنی مـدرن بـاشی کـه دیگـران از او الگـو می‌گیرنـد. امـا کجـای ایـن نقش‌هـا فرصـتی بـرای خـودت بـاقی می‌مانـد؟ ایـن اسـترس‌ها، نادیـده گرفتـه شـدن‌ها و ایـن فشـارهای بی‌صـدا، ذره‌ذره انباشـته می‌شـوند و نتیجـهٔ ناخوشـایندی بـه دسـت می‌دهنـد. ایـن نتیجـه اسـم هـم دارد: اضطـراب!

سایهٔ اضطراب در غربت

رفته‌رفتـه بـه شـرایط عـادت کـرده بودم، امـا بخـشی از مغزم هنـوز مضطرب بـود. درسـت بـود کـه زنـدگی باب میـل من بـود، اما انـگار یک جـایی خلأی بـود کـه مغـزم آن را بـزرگ و بزرگ‌تـر می‌کرد. پاییـز ۲۰۱۹ بود و پنج سـال از مهاجرتـم گذشـته بـود که بـرای اولین بـار حملهٔ عصبی[1] را تجربـه کردم. نیمه‌شـب از خـواب بیدار شـده بـودم و نمی‌توانسـتم دوبـاره بخوابـم. بهترین

1. Panic attack

فکری که به ذهنم رسید این بود که با تلفن همراهم مشغول شوم تا دوباره خوابم بگیرد. ناگهان در میان اخبار چشمم به تصمیم ایران برای فیلترینگ اینترنت و شروع کار اینترنت داخلی افتاد. ناگهان مغزم شروع به فریاد زدن کرد: «دیگر قرار نیست خانواده‌ام را ببینم. دیگر قرار نیست ایران را ببینم.» مغزم بارها و بارها تکرار کرد: «دیگر ایران را فراموش کن!» احساس کردم قفسهٔ سینه‌ام سنگین شده و عرق سرد روی صورتم نشسته است. نمی‌توانستم نفس بکشم. «حتماً دارم سکته می‌کنم.» به سمت بالکن خانه دویدم تا راحت نفس بکشم. چند نفس عمیق کشیدم. خواستم یکی از اعضای خانواده را بیدار کنم و با اورژانس تماس بگیرم، اما بهتر شدم. سکته نکردم! این اولین تجربهٔ من از حملهٔ عصبی بود.

با شروع دورهٔ کرونا، دغدغه‌هایم بیشتر شد و به‌کل حملهٔ عصبی را به باد فراموشی سپردم. همه خانه‌نشین شده بودیم و فقط به دنبال اخبار ساخت واکسن، نحوهٔ شست‌وشو و ضدعفونی و تمرین پختن غذاها با دستورهای مختلف بودیم. زمستان طاقت‌فرسای کانادا و خانه‌نشینی، دوری از اجتماع، دورکاری و تنهایی صدچندان، منع رفت‌وآمد و تمام اتفاقاتی که همه آن‌ها را به خاطر داریم، باعث انباشتگی نگرانی‌ها و اضطراب و استرس در همهٔ ما شد، ولی شاید متوجه حجم انبوه این استرس در روح خودمان نبودیم. دو سال و اندی به همین منوال گذشت.

حملهٔ عصبی دوم به‌مراتب شدیدتر بود و فقط چند ثانیه طول نکشید، بلکه حدود پنج، شش حملهٔ پشت سر هم را به مدت یک ساعت تجربه کردم. با ۹۱۱[1] تماس گرفتم و مأموران اورژانس

۱. شمارهٔ تلفن اضطراری در کانادا که در تمام موقعیت‌هایی که به اورژانس، پلیس یا آتش‌نشانی نیاز باشد از آن استفاده می‌کنند.

رسیدنـد. آن شب فقـط درد و درد و درد را تجربـه کـردم و حـتی یـادآوری آن شب هـم باعـث تکـرار درد میشـود. دلـم میخواسـت گریـه کنـم، امـا نمیتوانسـتم. تجویـز ایـن بـود کـه اسـتراحت کنـم و آرام باشـم. مشـکلم مربـوط بـه تنـم نبـود! جـایی در روحـم آسـیب دیـده بـود.

پـدر و مـادرم بـرای سـفر بـه کانـادا آمـده بودنـد و قـرار بـود یـک هفتـه در اوتـاوا[1] پیـش خانـوادۀ داییام بماننـد. در مسـیر مونتـرال بـه اوتـاوا بـودم کـه احسـاس تنـگی نفـس و گرفتـگی در گلویـم کـردم. احسـاس میکـردم دسـتی گلویـم را فشـار میدهـد. عـرق سـرد روی صورتـم نشسـت. نگـران والدینـم بـودم. از نزدیکتریـن خـروجی خـارج شـدم. در فروشـگاه مکدونالـد[2] نشسـتیم و سیبزمینـی سـرخکرده خوردیـم. تظاهـر کـردم همهچیـز تحـت کنتـرل اسـت، امـا نبـود. بـه خانـۀ دایـی رسیدیـم. آنجـا بـا دسـتگاه فشارسـنج، فشـارم را گرفتـم و بـه آمبولانـس زنـگ زدیـم. بهتـر شـدم. ظاهـراً یـک حـس زودگـذر بـود و تمـام شـد.

پس از طوفان

لحظهای کـه روی تخت بیمارسـتان دراز کشیده بودم و صدای بیببیب دسـتگاه قلب در گوشم میپیچید، تمام دوران دهسالۀ بعد از مهاجرتم مثل فیلمی که بر پردۀ سینما به نمایش درآمده باشد، در پشت چشمان بستهام به نمایش درآمد؛ سکانسی پشت سکانس دیگر. بعد از آنهمه آزمایش و معاینه مشخص شد که مشکل قلبی ندارم و تنها مشکلم اضطراب و استرس مزمن است. دکتر پیشنهاد کرد که با پزشک خانواده و مشاور صحبت کنم. بارها و بارها بدنم به من اخطار داده بود و حالا فهمیده بودم که باید به فکر بیفتم. این فشارها، فشار عصبی ساده نبود. اینکه شنیده بودم مشکلاتم بهخاطر استرس و اضطراب است، باعث

---

1. Ottawa
2. McDonald›s

سردرگمی بیشترم شده بود. یعنی این‌همه سال فشار و تلاش، فقط به این ختم شد؟ همین یک نام: اضطراب مزمن؟ این چیزی نبود که انتظارش را داشتم، اما انگار بخشی از وجودم می‌دانست که این تشخیص، همان چراغ زردی است که مدت‌ها نادیده‌اش گرفته بودم. چه‌بسا این هشداری بود از درونم که می‌گفت وقت آن رسیده که مسیرم را تغییر دهم.

با وجود اینکه مدتی بود با روان‌درمانگرم صحبت می‌کردم، ولی حتی در جلسـات روان‌درمـانی هـم به‌صورت منظم و پیوسته شرکت نکـرده بـودم. به‌محض اینکه احسـاس می‌کردم خوبم، جلسـات را کنار می‌گذاشتم. تا اینکه پزشک خانـواده بعد از صحبت‌های طـولانی و انجام تست‌های لازم، تشخیص «اضطـراب مزمـن درجه‌دو» داد و تأکید کـرد کـه بـدون دارو بـه هیـچ وجه امکان بازگشـت بـه حالـت طبیعـی را نخواهـم داشت. جلسـات مشاوره همـراه بـا دارودرمانی شـروع شـد. از همان ابتـدا به مـن هشـدار داده شـد کـه تـا یک مـاه بایـد مراقب باشـم تـا دارو به‌تدریج اثـر خـود را بگـذارد. بهتر شـدم، امـا نـه کاملاً. بخشـی از مـن در همان الگوهـای قدیم مانده بود. بخشـی از مـن دلبستهٔ کوله‌پشتـی اضطـراب و دردی بود کـه با خـودم حمل می‌کـردم. زمیـن گذاشـتن و رها کـردن این کوله‌پشتـی بـرای من دشوارتر از حـد تصورم بـود. انگار این درد باعث می‌شـد خـود قدیمم جـایی در بدنم زنـده بمانـد. اینجا بود کـه فهمیدم به چیـزی فراتر از نداشـتن استرس نیاز دارم. دنبـال چیـزی مثـل آرامش واقعـی بودم.

سفری به‌سوی آرامش

می‌دانسـتم بایـد راه دیگـری هـم باشـد. روان‌درمانی و دارو تنهـا راه ممکن نبـود، ولی نمی‌دانسـتم آن راهِ دیگـر، چـه راهی اسـت و چگونـه و کجاسـت. یـک روز در حـال مـرور شبکه‌های اجتماعـی بـودم کـه چشـمم بـه یکـی از

پست‌های دکتـر شـهاب انـاری افتـاد؛ ویدئویی کوتاه دربارۀ شـکوفایی، رشـد و خودشـناسی و بحـثی دلنشـین دربـارۀ روان‌شناسی مثبت‌گـرا. تابه‌حال دربارۀ روان‌شناسی مثبت‌گـرا چیزی نشنیده بـودم. روان‌شناسی برای من هـم، ماننـد بسیاری از شـما، بـه معنـای درمـان و حـل مشکلات روحی بود. تحقیـق گسـترده‌ای را در ایـن بـاره شـروع کـردم و همان‌جا با دنیای شگرف و ژرف روان‌شناسی مثبت‌گرا و دکتر مارتین سلیگمن[1] آشـنا شـدم. تصمیم خـودم را گرفتـه بـودم؛ بایـد در ایـن مسیر قدم می‌گذاشـتم. احسـاس می‌کردم چـارۀ دردم همیـن جا اسـت و همین‌طور هم بود. در کلاس‌های روان‌شناسی مثبت‌گـرا و تربیـت مـدرس شـکوفایی آکادمی سـتارۀ شـمال ثبت‌نام کردم. دربـارۀ سـطوح آگاهی، خوددوسـتی، مدیریـت اسـترس، مدیریت زمـان، هدفمنـدی و هدف‌گـذاری و بسـیاری از شـاخه‌های دیگـر ایـن علـم خوانـدم و یـاد گرفتـم. حـالا هـر روز قدمـی جلوتر بـرمی‌دارم و بسـیار تغییر کـرده‌ام. جملـۀ «نجات‌دهنـده در آینـه اسـت» شـمع راه مـن شـد. حـالا در آینه، خود جدیـدی را می‌بینـم کـه مسیر درازی را طی کرده اسـت.

بـا توجـه بـه سـابقۀ کاری و تخصصی خـودم درزمینـۀ تغذیه و صنایـع غذایی و بـا توجـه بـه اینکـه تغییـر رژیـم غـذایی روزانـه‌ام تا انـدازۀ زیـادی در بهبود شـرایطم مؤثر واقـع شـده بـود، تصمیـم گرفتـم دو مسـیر تغذیـۀ سـالم و شـکوفایی را در هـم ادغـام کنـم و بـه دیگـران هـم در این زمینـه کمک کنم. بـا یادگیـری روان‌شـناسی مثبت‌گـرا، سـطوح آگاهی و خودشـناسی، دنیـای جدیـدی بـه روی مـن بـاز شـد. بارهـا زمین خـوردم، بارها دوبـاره بلند شـدم، و هـر بـار قوی‌تـر از قبـل ادامه دادم. بـا اینکه حمایـت کسـی را نداشـتم، خودم حـامی خـودم شـدم. امـروز، وقتی به گذشـته نگاه می‌کنـم، به خـودم افتخار می‌کنـم، دسـتی محکـم روی شـانه‌ام می‌زنـم و می‌گویـم: «آفرین! تـو این‌همه

---

1. Martin Seligman

راه را آمدی و حالا اینجا ایستاده‌ای؛ آماده‌ای به دیگران کمک کنی تا مسیر را راحت‌تر طی کنند.»

باید بدانیم که مهاجرت تنها تغییر مکان زندگی نیست، بلکه بازتعریف خود است. شما تنها نیستید؛ همان‌طور که من هم نبودم. انسان‌های زیادی در جای‌جای این کرهٔ خاکی با مشکلات متعدد روبه‌رو هستند. ما در دل مشکلات دیگران جایی نداریم، اما داستان‌های آن‌ها را می‌شنویم و از آن‌ها می‌آموزیم. هر داستان، چراغی است که مسیری را برای ما روشن می‌کند و اگر این مسیر را تا انتها برویم، شاید روزی داستان ما هم چراغی برای دیگری باشد.

حالا، سال‌ها پس از آغاز این سفر پرپیچ‌وخم، در میانهٔ اضطراب‌ها، دلتنگی‌ها، شکست‌ها و بیداری‌های نیمه‌شب، به یک حقیقت ساده رسیده‌ام: قرار نیست همه‌چیز تحت کنترل باشد. قرار نیست همیشه قوی باشم یا همیشه بدرخشم. آنچه مهم است، توانایی برخاستن پس از هر سقوط، نگاهی صادقانه به خود، و یادگیری از هر بحران است. اضطراب هنوز بخشی از من است، اما دیگر فرمان زندگی‌ام را در دست ندارد. اکنون، من زنی هستم که در میان طوفان‌ها ریشه دوانده است؛ نه به‌رغم سختی‌ها، بلکه به‌واسطهٔ آن‌ها! شاید خانه‌ام سوخته باشد، اما در دل ویرانه‌ها، خودِ واقعی‌ام را پیدا کرده‌ام؛ و این یعنی شکوفایی، حتی در دلِ جهانی نامطمئن و ناپایدار.

امروز، پس از سال‌ها عبور از طوفان‌های مهاجرت، اضطراب، تنهایی و تغییر، دریافته‌ام که شکوفایی یعنی توانایی ایستادن در میان ناپایداری‌ها و انتخاب آگاهانهٔ مسیر زندگی. یاد گرفته‌ام که خانه فقط یک مکان نیست، بلکه احساسی است که درونت می‌سازی.

هویت من دیگر بسته به جغرافیا یا نقش‌های تحمیلی نیست؛ حالا هویتم بر پایهٔ آگاهی، پذیرش و عشق به خویشتن بنا شده است. این سفر، از غربت تا خویشتن، سفری یک‌باره نبود، بلکه مسیری پیوسته از بازشناسی خود در آینهٔ تجربه‌ها و انتخاب‌های دوبارهٔ زندگی بود. هنوز هم لحظاتی هست که مغزم فریاد می‌زند، اما حالا می‌دانم که می‌توانم صدایش را بشنوم، با او همدلانه حرف بزنم، و راهی روشن‌تر را انتخاب کنم.

از غربت تا خویشتن

سفری به‌سوی شکوفایی؛ از مهاجرت تا بازیابی هویت در دنیایی ناپایدار

دربارهٔ نویسنده

نـگار دیـانت کوچ حرفه‌ای در حوزهٔ سـلامت و شـکوفایی و مشـاور سـبک زندگی سـالم است. او با ترکیـب دانش تغذیـه و مهارت‌های کوچینگ کـه از دوره‌هـای تربیت مدرس شـکوفایی در آکادمی سـتارهٔ شـمال به دسـت آورده اسـت، بـه افـراد کمـک می‌کنـد تا بـا مدیریت اسـترس و انتخاب‌های آگاهانـه، بـه تعـادل جسـمی و ذهـنی برسـند و کیفیت زندگی‌شـان را ارتقا دهنـد. در کارگاه‌هـا و جلسـات مشاوره، او از رویکـردی تلفیـقی شـامل علـم تغذیـه، روان‌شـناسی مثبت‌گرا و تجربه‌هـای شـخصی بهـره می‌بـرد تا به هر فـرد کمـک کنـد نسـخهٔ منحصربه‌فرد خود را بـرای زندگی بهتر پیـدا کند.

مأموریت او همـراهی بـا افـراد در مسـیر دسـتیابی بـه بـدنی سـالم، ذهـنی آرام و زندگـی‌ای شـادتر از طریـق آمـوزش و آگاهی‌بخشـی اسـت. نـگار بـاور

دارد کـه شـکوفایی و سـلامت، حـق طبیـعی همهٔ انسان‌هاسـت و بـا آگاهی و انتخاب‌هـای درسـت، می‌تـوان بهتریـن نسـخهٔ خـود را زنـدگی کـرد.

نگار در سال ۱۳۵۴ در تبریز متولد شد. او از نوجوانی به مطالعه و کشف راه‌های بهبود کیفیت زندگی علاقه‌مند بود و این مسیر را در زندگی حرفه‌ای خود نیز ادامه داد. پس از گذراندن تحصیلات ابتدایی و متوسطه، ابتدا در رشتهٔ شیمی تحصیل کرد، اما پس از قبولی در رشتهٔ علوم تغذیه در دانشگاه علوم پزشکی تبریز، از شیمی انصراف داد و وارد مسیر مورد علاقه‌اش شد.

پـس از فارغ‌التحصیـلی، دورهٔ طـرح خـود را در ادارهٔ اسـتاندارد مـواد غذایی و در بخـش تحقیقـات و آزمایشـگاه گذرانـد و سـپس به‌عنـوان مسـئول کنترل کیفیـت در کارخانه‌هـای مختلـف غذایی مشـغول به کار شـد. نـگار دوره‌های تخصـصی متعـددی از جمله کنتـرل کیفیـت آرد، روغن‌های خـوراکی، ایزو و دیگـر اسـتانداردهای مرتبـط را گذرانـد تـا مهارت‌هـای حرفه‌ای خـود را ارتقا داده و خدمـات بـا کیفیت‌تـری بـه مصرف‌کننـدگان ارائـه دهد.

او در سـال ۲۰۱۴ بـه کانـادا مهاجـرت کـرد و همـراه خانـواده‌اش در مونترال سـاکن شـد. پس از گذراندن دوره‌های تخصصی مرتبط در دانشـگاه مک‌گیل، در جسـت‌وجوی فرصت‌هـای شـغلی درزمینـهٔ تغذیـه و کنتـرل کیـفی مـواد غـذایی برآمـد و بـا کسـب تجربـه در شـرکت‌های مختلـف، درنهایـت فعالیت خـود را در شـرکت زنجیـرهٔ تأمیـن مـواد غـذایی آغـاز کـرد. در ایـن مسـیر، او توانسـت بـه هـزاران نفـر در سراسـر جهـان در دسـترسی بـه غذای سـالم، مطمئـن و باکیفیـت کمـک کند.

راه‌های ارتباط با نویسنده:

LinkedIn: negar-dianat

Instagram: flourishing_with_negar

بر هرچه همی لرزی،
می‌دان که همان ارزی!

مرجان شمس

بر هرچه همی لرزی، می‌دان که همان ارزی!
مرجان شمس
پژوهشگر و کوچ حرفه‌ای و مدرس توسعهٔ فردی و رهبری

چه چیزی در سکوت ذهن تو در حال رشد است؟

در دنیـای پر از تغییـرات و بی‌ثباتی‌های اقتصـادی، اجتماعـی و زیسـت‌محیطی، طبیعـی اسـت کـه گاهی احسـاس تردیـد، نگرانی و حتـی ترس کنیـم. چالش‌هایـی کـه پیـش روی مـا سـبز می‌شـوند، گاهی آن‌قـدر بـزرگ به نظر می‌رسـند کـه احسـاس می‌کنیـم مقابلـه بـا آن‌هـا از توانمـان خـارج اسـت. در چنیـن دنیـای ناپایـدار و پرشـتابی، ترس‌هایـی ماننـد تـرس از آینـده، شکسـت، تغییـر، یـا حتـی نگاه دیگـران در دلمـان جوانـه می‌زند.

امـا آیا ایـن ترس‌هـا همان‌طـور کـه بـه نظـر می‌رسـند، همیشـه دشـمن مـا هسـتند؟

مولانا، بـا نـگاهی ژرف، در یـک مصـراع سـاده امـا پرمعنـا بـه ایـن پرسـش پاسـخ می‌دهـد: «بـر هرچـه همـی لـرزی، می‌دان کـه همان ارزی[1]».

ترس‌هـا تـو را به‌سـوی چیـزی هدایـت می‌کننـد کـه برایـت اهمیـت دارد و ارزشـمند اسـت. جایـی کـه تـرس در آن حضـور دارد، همان جایـی اسـت کـه بـذر رشـدت در آن نهفتـه اسـت.

تـرس نـه مانـعی اسـت کـه بایـد از آن عبـور کنیـم و نـه صدایـی اسـت کـه بایـد خاموشـش کنیـم؛ تـرس دعوتـی اسـت بـه درک عمیق‌تـر خـود و کشـف مسیرهـای پنهـان درون؛ دعـوتی اسـت بـه حرکت، حتـی بـا زانوهـای لـرزان، در مسـیری کـه مـا را زنده‌تـر می‌کنـد.

---

۱. دیوان شمس، غزل ۶۰۹

ترس‌های خیالی: ترس‌ها از آنچه تصور می‌کنید کوچک‌ترند!

ترس‌هایی که با آن‌ها روبه‌رو می‌شوی، نشانهٔ ارزش‌هایی است که برایت اهمیت دارند. هرچه چیزی برایت باارزش‌تر باشد، ترس از دست دادن آن یا عدم رسیدن به آن بیشتر است. برای مثال، شاید ترس از شکست خوردن در یک پروژهٔ کاری نشانه‌ای از علاقه‌ات به پیشرفت و امنیت مالی باشد، یا ترس از قضاوت دیگران بازتابی از نیازت به پذیرش، تعلق و دیده شدن باشد.

می‌توان گفت که ترس نه دشمن تو است و نه مانع تو؛ بلکه یک راهنماست. ترس به تو می‌گوید که چیزی در زندگی‌ات وجود دارد که برایت مهم است و ممکن است در معرض تهدید باشد. این همان نقطه‌ای است که باید از آن به‌عنوان محرکی برای تلاش بیشتر استفاده کنی.

اکثر ترس‌هایی که ذهن ما تولید می‌کند، هرگز در واقعیت رخ نمی‌دهند و حتی آن تعداد کمی هم که رخ می‌دهند، به آن بدی که فکر می‌کردیم نیستند. پس شاید لازم باشد هر بار که ترسی را حس می‌کنی، به‌جای فرار از آن، از خود بپرسی: «این ترس کدام ارزش درون مرا فریاد می‌زند؟»

ترس، بذر شکوفایی در خاک ناشناخته‌ها

بسیاری از افرادی که به موفقیت‌های بزرگ دست یافته‌اند، در ابتدا با ترس و تردیدهای فراوانی مواجه شده‌اند، اما توانسته‌اند ترس‌های خود را به فرصتی برای یادگیری و رشد تبدیل کنند. یکی از مهم‌ترین گام‌ها برای تبدیل ترس به فرصت، تغییر زاویهٔ دید است.

ترس معمولاً از ناشناخته‌ها و موقعیت‌های جدید به وجود می‌آید، اما

اگـر ایـن موقعیت‌هـا را به‌عنوان فرصتـی بـرای یادگیـری و رشـد ببینیـد، بـه یـک انگیـزه تبدیل می‌شـود. تـرس از شکسـت، به‌طور بالقـوه، فرصتـی بـرای یادگیـری از اشـتباهات و بهبود مهارت‌هاسـت و تـرس از تغییر می‌توانـد فرصتـی بـرای انعطاف‌پذیـری بیشـتر در برابر شـرایط جدیـد باشـد.

بـا تغییـر زاویـهٔ دیـد، می‌توانیـد از تـرس به‌عنوان یـک نیـروی محرکـه اسـتفاده کنیـد. بـرای مثـال، به‌جـای اینکـه از تغییـرات شـغلی بترسـید، می‌توانیـد آن را به‌عنـوان فرصتـی بـرای یادگیـری مهارت‌هـای جدیـد یـا پیشـرفت در مسـیر حرفـه‌ای خـود ببینیـد. بـه همیـن ترتیـب، تـرس از شکسـت می‌توانـد شـما را وادار کنـد کـه بیـش از پیـش تـلاش کنیـد و بـا آمـادگی بیشـتری وارد میـدان شـوید.

رقص با سایه‌ها

شـکوفایی فـردی در دنیـای امـروز چیـزی فراتـر از یـک فراینـد سـاده و خطـی اسـت. شـکوفایی، نـه در یـک مسـیر مسـتقیم، بلکـه در لحظه‌هایـی از وقفـه و شـک و در دل ابهامـات آغـاز می‌شـود. ایـن روزهـا هـر گامی کـه برمی‌داریـم، همـراه بـا صـدای سـایه‌های تـرس اسـت؛ تـرسی کـه گاهی مثـل دودی اسـت کـه در هـوا پخـش می‌شـود و گاهی مثـل مـوجی اسـت کـه از اعمـاق دریـا بـه سـطح می‌آیـد. امـا چـرا از تـرس‌هـا فـرار می‌کنیـم یـا بـه آن‌هـا پشـت می‌کنیـم؟ درحقیقـت، ایـن تـرس نیسـت کـه مـا را تهدیـد می‌کنـد، بلکـه واکنـش مـا بـه آن اسـت. کریسـتوفر پائولینـی[1]، نویسـندهٔ آمریکایـی، در کتاب **میـراث**[2] می‌گوید: «تـرس سـایهٔ بـزرگی دارد، امـا خـودش به‌تنهایـی کوچـک و بی‌اثـر اسـت.»

---

1. Christopher Paolini
2. *The Inheritance Cycle*

شکوفایی در دنیای امروز درک این حقیقت است که ترس بخشی از وجود ماست که نباید از آن فرار کنیم، بلکه باید آن را در آغوش بکشیم. تنها آن زمان است که می‌توانیم از ترس در راه پیشرفت و آگاهی استفاده کنیم. این یک رقص است؛ رقصی میان سایه و نور. آزاد باش و قدم به جلو بردار، زیرا هر ترسی که از آن عبور می‌کنی، همان‌قدر که سایه‌ای از گذشته‌ات را کنار می‌زند، به نور آینده‌ات اجازهٔ درخشش می‌دهد.

سایه‌ای که مسیر را روشن می‌کند!

ترس، اغلب با چهره‌ای مبهم و تاریک در مسیر زندگی ما ظاهر می‌شود. اما اگر لحظه‌ای متوقف شویم و به آن نگاه کنیم، می‌بینیم که درحقیقت فقط سایه‌ای است از چیزی که هنوز به آن دست نیافته‌ایم؛ چیزی که می‌تواند دروازه‌ای به سمت شکوفایی باشد. اگر به‌جای نادیده گرفتن ترس، آن را به‌عنوان نشانه‌ای از حضور آگاهی در نظر بگیریم، همه‌چیز به شکلی متفاوت تغییر خواهد کرد.

در ادامه سه رویکرد علمی را با شما به اشتراک می‌گذارم؛ ابزارهایی که می‌توانند به ما کمک کنند تا در مسیر حرکت رو به جلو، از ترس به‌عنوان فرصتی برای درخشش بیشتر استفاده کنیم.

ذهنیت رشد[1]: ترس دعوت به یادگیری است!

کارول دوک[2]، روان‌شناس برجسته، ذهنیت انسان‌ها را به دو نوع تقسیم می‌کند: ذهنیت ثابت و ذهنیت رشد.[3]

ذهنیتی که باور دارد «من همینم که هستم» در برابر ترس از

---

1. Growth Mindset
2. Carol Dweck
3. Dweck, C. (2016). What having a growth mindset actually means. *Harvard Business Review*.

شکســت عقب‌نشینــی می‌کنــد، امــا ذهنیــتی کــه بــاور دارد «می‌توانــم رشــد کنــم» در دل تــرس، بــذر یادگیــری را می‌کــارد.

ذهنیــت رشــد بــه مــا کمــک می‌کنــد تــرس از موقعیت‌هــای جدیــد، اشــتباهات و ناکامی‌هــا را نــه تهدیــد، بلکــه تمرین‌هایــی بــرای تقویــت عضلــهٔ رشــد در درونمــان ببینیــم.

هوش هیجانی[1]: اگر ترس را بشناسی، رامش می‌کنی!

تــرس، اغلــب نــه از خطــر بیرونــی، بلکــه از برداشت‌هــای درونــی مــا ریشــه می‌گیــرد. هــوش هیجــانی یعنــی توانــایی شــناختن و در آغــوش گرفتــن هیجانــات خــود. مثــلاً اگــر از صحبــت کــردن در جمــع می‌تــرسی، شــاید دلیلــش تــرس از قضــاوت یا طــرد شــدن باشــد، امــا وقتــی ریشــهٔ هیجانــت را بشــناسی، می‌تــوانی به‌جــای پنهــان کردنــش، از آن اســتفاده کنــی.

مدیریت عدم قطعیت[2]: در مه هم می‌شود قدم برداشت!

مغــز مــا عاشــق قطعیــت اســت؛ همیشــه دوســت دارد بدانــد بعــدش چــه می‌شــود. امــا زندگــی مه‌آلودتــر از آن اســت که بتــوان آن را دقیقــاً پیش‌بینــی کــرد. مدیریــت عــدم قطعیــت یعنــی پذیرفتــن این حقیقــت کــه همه‌چیــز قرار نیســت واضــح باشــد، اما می‌شــود با اعتمــاد قدم برداشــت.

فراتر از ترس: شروعی جدید

حــالا می‌دانیــم کــه تــرس دشــمنی بــرای توقــف نیســت، بلکــه راهنمایــی بــرای شــروع اســت؛ فقــط کافــی اســت از زاویه‌ای دیگــر بــه آن بنگریــم. این تغییــر دیــدگاه بــه تمریــن نیــاز دارد، امــا بیشــتر از تمریــن، بــه یــک همــراه نیــاز دارد کــه آگاهانــه مــا را در مســیر پیشــرفت همــراهی کند.

---

1. Emotional Intelligence
2. Uncertainty Management

ترس در آینهٔ کوچینگ: کشف نور در سایهٔ ناخودآگاه

ترس زمانی بیشترین قدرت را دارد که نامرئی باشد؛ درست مانند سایه‌ها که وقتی به آن‌ها نور بتابانی کوچک‌تر می‌شوند. اولین مرحله در فرایند کوچینگ[1]، کمک کردن به فرد برای پیدا کردن و نام‌گذاری ترس‌هایش است. آیا این ترس از شکست است یا از نادیده گرفته شدن؟ یا شاید ترس از موفقیت و مسئولیتی که به دنبالش می‌آید؟

در جلسه‌ای با الناز، یکی از مراجعانم، مشخص شد آنچه او را از حرکت بازداشته، ترس از بی‌توجهی بوده است، نه شکست. این کشف آغاز یک رهایی درونی شد: وقتی دانست چه می‌ترساندش، دیگر لازم نبود پنهان شود. الناز راهش را یافت و اقدام کرد.

رقص در سایه‌های آگاهی: کشف پیام ترس از دریچهٔ کوچینگ

پژوهش‌های زیادی در مورد پذیرش ترس انجام گرفته است. این پژوهش‌ها نشان می‌دهند که ترس‌ها می‌توانند گاهی نشانه‌ای از فرصت‌های ناشناخته برای رشد شخصی و حرفه‌ای باشند.[2] اگر به ترس خود نگاهی متفاوت بیندازید، خواهید دید که تهدیدی برای شما نیست، بلکه راهی است برای کشف جنبه‌هایی جدید از خودتان.

کوچینگ می‌تواند به فرد کمک کند تا این تغییر زاویهٔ دید را تجربه کند. با طرح سؤالاتی مانند «چه چیزی در این ترس پنهان است؟» یا «چطور می‌توانی از این ترس به نفع رشد شخصی خود استفاده کنی؟»، ترس به‌جای یک مانع، به فرصتی برای کشف و

1. Coaching
2. Riepenhausen, A; et al. (2022). Positive cognitive reappraisal in stress resilience, mental health, and well-being: A comprehensive systematic review. *Emotion Review, 14*(4).

تقویـت ویژگی‌هـا و مهارت‌هـای جدیـد تبدیـل می‌شـود.

پژوهـشی کـه در سـال ۲۰۲۰ منتشـر شـد، نشـان می‌دهـد افـرادی کـه تـرس خـود را در فرایندهـای تصمیم‌گیـری به‌عنـوان بخـشی از رونـد یادگیـری می‌پذیرنـد، تـا ۳۵٪ در مواجهـه بـا چالش‌هـای پیچیـده و تصمیم‌گیری‌هـای دشـوار، عملکـرد بهتـری دارنـد.[1]

النـاز پـس از مـرور ترس‌هـای خـود دریافـت کـه نگرانی‌هایـش از پروژه‌هـای بـزرگ بـه دلیـل اهمیـت بـالای آن‌هاسـت. او تصمیـم گرفـت به‌جـای اجتنـاب، ایـن ترس‌هـا را به‌عنـوان نشـانه‌هایی از مسیـر رشـد خـود ببینـد و قدم‌به‌قـدم بـه جلـو حرکـت کنـد. النـاز درنهایـت بـا شـجاعت بیشـتری بـا تیـم خـود ارتبـاط برقـرار کـرد و پروژه‌هایـش را بـا اعتمادبه‌نفـس بیشـتری پیـش بـرد.

آغاز کوچینگ در لحظات ترس: تبدیل ابهام به حرکت

زمـانی کـه در برابـر یـک پـروژه یـا هـدف بـزرگ قـرار می‌گیریـم، ذهنمـان به‌طـور طبیـعی آن را یـک تهدیـد می‌بیننـد. اگـر به‌جـای نشسـتن و نـگاه کـردن بـه آن تهدیـد بـزرگ، آن را بـه گام‌هـای کوچـک و قابـل کنتـرل تقسیـم کنیـم، دیگـر از آن نخواهیـم ترسیـد.

مـدل اسمارت به‌طـور خاص بـرای ایـن موقعیت‌ها طراحی شـده اسـت.[2] این مـدل بـا تعریـف هدف‌هـا به‌طـور مشـخص و تقسیـم آن‌هـا بـه بخش‌هـای کوچک‌تـر، می‌توانـد تـرس را بـه فرصـتی بـرای حرکـت تبدیـل کنـد. النـاز

1. Wake, S; et al. (2020). The influence of fear on risk taking: A meta-analysis. *Cognition and Emotion*.

۲. در مـدل SMART، هـدف بایـد پنـج ویـژگی داشـته باشـد: بایـد مشـخص باشـد (Specific)، قابـل اندازه‌گیـری باشـد (Measurable)، دسـت‌یافتنی باشـد (Achievable)، بـا ارزش‌هـا و اولویت‌هـای مـا مرتبـط باشـد (Relevant) و زمان‌بنـدی مشـخص داشـته باشـد (Time-bound).

پروژهٔ بزرگ و چالش‌برانگیز خود را به قدم‌های کوچک و قابل کنترل تقسیم کرد. او در ابتدا تصمیم گرفت فقط یک ایمیل مهم به همکارانش ارسال کند. همین قدم کوچک به او اعتمادبه‌نفس داد تا باقی مراحل پروژه را با شجاعت بیشتری پیش ببرد.

کوچینگ در سکوت: آرامش درون، گام‌های آگاهانه

ذهنی که درگیر اضطراب است، نمی‌تواند به‌درستی حرکت کند. وقتی ذهن ما غرق در نگرانی‌ها، افکار متناقض و استرس می‌شود، قدرت تصمیم‌گیری و اقدام کاهش می‌یابد. در چنین شرایطی، حتی زمانی که قصد داریم گامی بزرگ و تأثیرگذار برداریم، قادر به تمرکز و حرکت مؤثر نخواهیم بود.

در کوچینگ، به فرد کمک می‌کنیم ذهن خود را آرام کند و در لحظهٔ حال حضور داشته باشد. یکی از مؤثرترین ابزارهایی که برای این هدف به کار می‌بریم، تکنیک‌های آرام‌سازی ذهن است. این ابزارها به ما کمک می‌کنند تا در مواجهه با چالش‌ها و فشارهای روانی، توانایی کنترل خود را تقویت کنیم. در این میان، تمرکز بر تنفس آگاهانه و روش‌های مشابه که به افزایش خودآگاهی کمک می‌کنند، ازجمله ابزارهایی است که با کمک آن‌ها می‌توانیم از اضطراب رها شویم و در مسیر خود شجاعانه‌تر گام برداریم.

من به مراجعانم پیشنهاد می‌کنم که پیش از شروع جلسات مهم یا اقدام به کارهای چالش‌برانگیز، چند دقیقه‌ای با خود تنها شوند و تمرکز خود را بر تنفس و حضور در لحظهٔ حال قرار دهند. این روش به آن‌ها کمک می‌کند تا از دام افکار پراکنده و اضطراب رهایی پیدا کنند و ذهن خود را برای تصمیم‌گیری‌های آگاهانه‌تر آماده سازند. پژوهش‌ها نشان داده‌اند

که تمرین مداومِ افزایش خودآگاهی و کنترل ذهن می‌تواند ساختار مغز را به‌گونه‌ای تغییر دهد که فرد در مواجهه با احساسات منفی، به‌ویژه اضطراب و ترس، پاسخ‌های بهتری داشته باشد. این تمرینات به‌تدریج موجب تقویت قدرت تصمیم‌گیری، افزایش توانایی تمرکز و بالا بردن کیفیت زندگی می‌شود.

الناز در ابتدا در برابر فشارها و اضطراب‌های ناشی از پروژه‌های مهم دچار مشکل می‌شد، اما پس از مشاوره و آموختن تکنیک‌های آرام‌سازی ذهن، توانست قبل از جلسات مهم یا تصمیم‌گیری‌های حساس، تنها چند دقیقه را به نفس کشیدن و حضور در لحظه اختصاص دهد. این تغییر ساده نتایج فوق‌العاده‌ای به همراه داشت. به‌طور شگفت‌انگیزی، او توانست عملکرد خود را بهبود بخشد و با ذهنی آرام و متمرکز، تصمیمات بهتری بگیرد.

آرام‌سازی ذهن نه فقط در کاهش اضطراب، بلکه در تقویت توانایی تصمیم‌گیری و عملکرد مؤثر نیز نقش دارد. این فرایند به مراجع کمک می‌کند تا در میان طوفان‌های ذهنی، به‌آرامی و با آگاهی بیشتر، مسیر خود را پیدا کرده و به سمت اهداف خود حرکت کند.

در پناه نگاه‌های آگاه: کوچینگ، پُل عبور از تنها بودن

هیچ‌کس نباید به‌تنهایی با ترس‌هایش بجنگد. حتی شجاع‌ترین انسان‌ها روزهایی دارند که دلشان تکیه‌گاه می‌خواهد؛ دستی که نگهشان دارد، نگاهی که بفهمدشان و صدایی که بگوید «تو تنها نیستی».

حمایت اجتماعی صرفاً حضور دیگران نیست، بلکه کیفیت حضوری است که بتوانی در کنار آن بی نقاب ظاهر شوی. گروه‌های حمایتی،

چه به شکل رسمی (مانند گروه کوچینگ، کارگاه‌های رشد فردی یا تیم‌های کاری همدل) و چه غیررسمی (مانند دوستان آگاه، خانواده، یا کوچ)، می‌توانند نقشی حیاتی در عبور از ترس‌ها ایفا کنند.

روان‌شناسان مثبت‌گرا بر این باورند که احساس تعلق یکی از نیازهای بنیادین روان انسان است. افرادی که در شبکه‌های حمایتی قوی قرار دارند، نه‌تنها تاب‌آوری بیشتری در برابر چالش‌ها دارند، بلکه احتمال موفقیتشان در پیگیری اهداف بلندمدت افزایش می‌یابد. شنیدن داستان دیگران، همدلی با آن‌ها و الهام گرفتن از موفقیت‌ها و زمین خوردن‌هایشان به انسان جرئت بیشتری برای حرکت می‌دهد. در دل گفت‌وگوهای گروهی اغلب جرقه‌هایی از آگاهی شکل می‌گیرد: کسی که تو را نمی‌شناخت، ناگهان با جمله‌ای ساده چراغی در ذهن تو روشن می‌کند.

در کوچینگ گروهی، الناز فهمید تنها نیست. فهمید دیگران هم ترس‌هایی شبیه او دارند. فهمید که ترس یک ضعف شخصی نیست، بلکه بخشی از تجربهٔ انسانی است. این آگاهی نیرویی را در درون او آزاد کرد؛ نیرویی که از حس تعلق می‌آمد. الناز دیگر خودش را جداافتاده نمی‌دید، بلکه عضوی از مسیری مشترک بود.

رهبری درون با کوچینگ: ترس، پذیرش و رشد

پذیرش ترس، به‌ویژه در دنیای مدرن که در آن سرعت تغییرات و چالش‌ها به‌شدت افزایش یافته است، برای بسیاری از افراد دشوار است. فرایند کوچینگ کمک می‌کند تا فرد به ترس‌های خود نزدیک‌تر شود، آن‌ها را بشناسد و به‌جای فرار از آن‌ها، راهی برای مواجههٔ مؤثر با آن‌ها پیدا کند. یکی از روش‌های اصلی که

کوچینـگ در پذیـرش تـرس بـه کار می‌بنـدد، ایجـاد آگاهـی اسـت. کـوچ بـا پرسـش‌های هوشـمندانه، فـرد را بـه بـررسی و تحلیـل ترس‌هایـش دعـوت می‌کنـد. ایـن پرسـش‌ها می‌تواننـد بـه فـرد کمـک کننـد تـا از زاویـه‌ای متفـاوت بـه ترس‌هـای خـود نـگاه کنـد. فراینـد کوچینـگ بـه فـرد ایـن امـکان را می‌دهـد کـه بـا ترس‌هایـش هم‌زیسـتی کنـد و حتـی در مواجهـه بـا بزرگ‌تریـن ترس‌هـا، همچنـان بـه حرکـت خـود ادامـه دهـد.

النـاز در جلسـات کوچینـگ خـود بـه ایـن دیـدگاه رسـید کـه ترس‌هایـش بخشـی از سـفر او هسـتند، نـه پایـان آن. او آموخـت کـه ترس‌هایـش پیامـی دارنـد و اگـر به‌درسـتی بـه آن‌هـا گـوش دهـد، می‌توانـد از آن‌هـا بـرای پیشـرفت اسـتفاده کنـد. درواقـع النـاز یـاد گرفـت کـه به‌جـای اینکـه از ترس‌هایـش فـرار کنـد، از آن‌هـا به‌عنـوان نقطـهٔ آغازیـن تغییـر اسـتفاده کنـد. کوچینـگ بـه النـاز کمـک کـرد کـه ترس‌هایـش را از یـک دژ بـزرگ و غیرقابل‌عبـور بـه یـک پـل تبدیـل کنـد. او آموخـت کـه بـا وجـود تـرس، می‌توانـد همچنـان شـجاعانه قـدم بـردارد و در مسـیر رشـد خـود پیـش بـرود.

وقتی آگاهی در سایۀ کوچینگ قدم برمی‌دارد

در مسـیر کوچینـگ، زمانـی کـه فـرد بـه خودآگاهـی و وضـوح کافـی دسـت می‌یابـد، وارد مرحلـه‌ای می‌شـود کـه «عمل‌گرایـی» نـام دارد. در ایـن مرحلـه، فـرد دیگـر فقـط بـه شـناخت محـدود از خـود و محیـط بسـنده نمی‌کنـد، بلکـه بـه جایـی می‌رسـد کـه آمـاده اسـت تـا ایـن شـناخت را بـه عمـل تبدیـل کـرده و گام‌هـای هدفمنـد و حساب‌شـده‌ای بـردارد. یـکی از مهم‌تریـن گام‌هایـی کـه در ایـن مرحلـه از کوچینـگ مطـرح می‌شـود، برنامه‌ریـزی دقیـق و اسـتفاده از ابزارهـای تحلیـلی پیشـرفته

است. تحقیقات علمی نشان داده‌اند که کوچینگ می‌تواند تأثیر قابل‌توجهی بر عمل‌گرایی افراد داشته باشد؛ سطح عملکرد اکثریت قریب‌به‌اتفاق افرادی که در جلسات کوچینگ شرکت می‌کنند افزایش می‌یابد. این افراد نه‌تنها عملکرد شغلی خود را بهبود می‌بخشند، بلکه در زندگی شخصی نیز اقدامات مؤثرتری انجام می‌دهند.[۱]

مدل گرو[۲] که در بسیاری از فرایندهای کوچینگ استفاده می‌شود، می‌تواند به فرد کمک کند تا در هر مرحله از سفر خود، اهداف مشخصی را تعیین و راه‌های اجرایی مؤثری را برای آن‌ها طراحی کند.

همچنین استفاده از تکنیک‌هایی مانند سوات[۳] و اسمارت به‌طور مستقیم به بهبود سطح عمل‌گرایی افراد منجر می‌شود.

برای حرکت به‌سوی عمل‌گرایی، گاهی نیاز است از ابزارهای متنوع دیگری نیز استفاده شود. یکی از این ابزارها، تحلیل رفتار متقابل[۴] است که به افراد کمک می‌کند ارتباطات خود را بهتر درک کنند و بر اساس آن‌ها تصمیمات بهتری بگیرند.

النار با استفاده از مدل SWOT به نتایج شگفت‌انگیزی رسید. او توانست نقاط قوت خود را که شامل مهارت‌های ارتباطی قوی و توانایی بالا در کار تیمی بود، شناسایی کند و سپس با آگاهی از نقاط

---

1. Jones, R; Woods, S. (2016). The effectiveness of workplace coaching: A meta-analysis of learning and performance outcomes from coaching. *Journal of Occupational and Organizational Psychology*.

۲. مدل GROW نامی اختصاری برای چهار مرحله است: Goal (هدف)، Reality (واقعیت)، موانع (Obstacles) و Way Forward (راه پیش رو). این چارچوب کوچینگ به افراد کمک می‌کند تا اهداف خود را تعیین، و برنامه‌های عملی خود را تنظیم کنند.

۳. تحلیل SWOT (اختصاری برای Strengths (نقاط قوت)، Weaknesses (نقاط ضعف)، Opportunities (فرصت‌ها) و Threats (تهدیدها)) در کوچینگ، راهنمایی توانمند برای کاوش عمیق‌تر در خودآگاهی و برنامه‌ریزی استراتژیک است.

4. Transactional Analysis

ضعـف خـود، ماننـد عـدم اعتمادبه‌نفـس در تصمیم‌گیری‌هـای بـزرگ، بـه دنبـال راه‌حل‌هـایی بـرای تقویـت ایـن بخش‌هـا برآیـد. همچنیـن او فرصت‌هـایی را کـه در پروژه‌هـای جدیـد می‌دیـد، به‌خـوبی شناسـایی، و تهدیدهـای موجـود را به‌طـور مؤثـری مدیریـت کـرد.

سخن پایانی: گامی در روشنایی درون

تـرس، همچـون سـایه‌ای کـه در برابـر نـور ایسـتاده، در لحظه‌هـای تاریکی به نظـر نیرومندتـر می‌آیـد، امـا هنگامـی کـه قدم در مسـیر می‌گـذاری، می‌بینی کـه آن سـایه تنهـا بخـشی از بـازی نـور و تاریکی اسـت. تـرس نـه دشـمن ماسـت و نـه چیـزی کـه بایـد از آن فـرار کنیـم، بلکه نیرویی اسـت کـه ما را بـه مواجهـه بـا بخش‌هـای ناپیـدای درونمـان دعـوت می‌کند.

در جسـت‌وجوی نـور خـودت بـاش. حتـی اگـر آسـمان گرفتـه باشـد، خورشیـد درونـت همیشـه آمـادۀ طلـوع اسـت.

بر هرچه همی لرزی، می‌دان که همان ارزی!

دربارهٔ نویسنده

مرجـان شـــمس، بـا مـدرک رسـمی از فدراسیـون بین‌المللی کوچینگ[1]، مدرک کارشـناسی ارشـد مدیریت کسـب‌وکار[2] و تخصص در حوزهٔ تحلیـل رفتار متقابل، شخصیت‌شناسی و اتیکت‌های رفتـاری، مسیر کوچینگ را بـا نـگاهی عمیـق و انسـانی آغـاز کـرد. او افتخار گذرانـدن دورهٔ شـکوفایی را نـزد اسـتاد بـزرگی چون دکتر شـهاب اناری داشـته اسـت و همچنان با شـور و اشـتیاق بـه یادگیری ادامـه می‌دهد، اما فراتـر از مدرک‌هـا و مهارت‌ها، مسیری اسـت کـه مرجان پیمـوده اسـت: سـفری درونی و بیـرونی بـرای درک ژرف‌تر انسـان، ریشـهٔ رفتارهای او و توانـایی دگرگون‌سـازی او از درون.

---

1. International Coaching Federation (ICF)
2. Master of Business Administration (MBA)

مرجـان، زنِ چندبُعـدیِ ایـن روایـت، هـم مـادر اسـت و هـم همسـر، و در عیـن زنـدگی خانـوادگی، معلمـی اسـت کـه بـا شـور و تعهـد، نـور یادگیـری را در دل تاریک‌تریـن نقطه‌هـای تردیـد روشـن می‌کنـد.

علاقـهٔ مرجـان بـه فلسـفه، روان‌شـناسی، یـوگا و ذهن‌آگاهی، روحـش را بـه بـاغی پُر از پرسـش‌های نـاب و سـکوت‌های بیدارکننـده بـدل کـرده اسـت و عشـقش بـه نواخـتن پیانـو و سـوارکاری، بـه او آموختـه اسـت کـه زنـدگی ترکیبـی اسـت از نظـم، ریتـم و رهـایی.

او بـاور دارد کـه انسـان خورشـیدی خامـوش نیسـت، بلکـه نـوری اسـت کـه گاه در هجـوم غبارهـا پنهـان می‌شـود.

کوچینـگ بـرای مرجـان فقـط یـک مهـارت نیسـت؛ یـک دعـوت اسـت، دعـوتی بـرای بازگشـت بـه خویشـتن، بـرای شـنیدن صـدای درون و بـرای آغـاز حرکـتی نـو از قلبِ آگاهی.

مأموریـت او ایجـاد فضـایی بـرای تحـول آگاهانـه اسـت؛ جـایی کـه انسـان‌ها بتواننـد خویشـتن اصیـل را بازیابنـد، سـازمان‌ها بـا جـان انسـانی خـود دوبـاره زنـده شـوند و توسـعه دیگـر فقـط یـک واژهٔ مدیریـتی نباشـد، بلکـه بخـشی از زیسـت روزمـرهٔ مـا گـردد.

مرجـان پُـلی اسـت میـان خودشـناسی و اثربخـشی، میـان درون‌نگـری و اقـدام حرفـه‌ای و میـان رؤیـای رشـد و واقعیت‌هـای ملمـوس زنـدگی .

راه‌های ارتباط با نویسنده:

✉ marjanshams965@gmail.com
🌐 www.marjanshams.com
📷 Marjanshams

ستاره‌ای که در آسمان پیدایش نکردم!

از پرسش‌های کیهانی تا روشنای درون: سفری به‌سوی شکوفایی

دکتر علیرضا طالبیان

ستاره‌ای که در آسمان پیدایش نکردم!

از پرسش‌های کیهانی تا روشنای درون: سفری به‌سوی شکوفایی

دکتر علیرضا طالبیان

پژوهشگر، کوچ شکوفایی و مدرس توسعهٔ فردی، بنیان‌گذار مجموعهٔ سِتارَتو

پردهٔ اول: بذری که زیر درختان آلو کاشته شد

با موچین همسرم آخرین موی سفیدی را که روی صورتم خودنمایی می‌کرد برداشتم و موهای جوگندمی‌ام را به‌دقت زیر کلاه مشکی کهنه‌ام پنهان کردم. آن روز همسرم نمی‌توانست پسرها را از مدرسه بیاورد و قرار بود من به دنبالشان بروم. بعد از بازگشت از سفر ژاپن، این دومین باری بود که من بچه‌ها را از مدرسه برمی‌گرداندم. آمادهٔ رفتن بودم که صدای دو زنگ با فاصلهٔ اندکی از هم، رشتهٔ افکارم را پاره کرد؛ اولی هشدار گوشی‌ام بود: باید یک کد تحقیقاتی را برای یکی از همکارانم ارسال می‌کردم تا در پروژهٔ جدیدش از آن استفاده کند. و دومی زنگ در خانه بود: بچه‌ها خودشان به خانه آمده بودند و من خوشحال از اینکه دیگر لازم نیست تا مدرسه به دنبالشان بروم، سریعاً خودم را به لپ‌تاپم رساندم، آخرین نسخهٔ کد را اصلاح، و برای ارسال آماده‌اش کردم.

در حین لغزاندن نشانگر ماوس برای شکار دکمهٔ ارسال ایمیل، سؤالاتی آشنا گلاویز ذهنم شدند: «چرا از فرستادن یه کد واسه همکارات این‌قدر خوشحال می‌شی، ولی واسه آوردن بچه‌ها از مدرسه

استرس داری؟ کجای کارت اشتباهه؟ چی رو گم کردی؟ مگه لحظات واقعی شادی تو به خنده‌های بچه‌هات گره نخورده؟ خونواده‌ت با چی واقعاً شاد می‌شن؟» می‌توانستم تشخیص بدهم که این سؤالات از کجا نشأت می‌گیرند. بذر این سؤالات سیزده روز قبل و هزاران کیلومتر دورتر در نهاد من کاشته شده بود.

سیزده روز قبل، به دعوت مؤسسهٔ یوکاوا[1] در دانشگاه کیوتوی[2] ژاپن بودم. اتابک، دانشجوی ایرانی‌تباری که در سوئد بزرگ شده بود، هرازگاهی مرا به گشت‌وگذار در شهر کیوتو می‌برد. در یکی از این گشت‌وگذارها، با دوچرخه‌ای که از استاد حامی‌ام، پروفسور شینجی موکویاما[3]، قرض گرفته بودم، به معبد کیتانو تنمانگو[4] رفتیم.[5] زمستان بود و در نبودِ شکوفه‌های گیلاس، شکوفه‌های آلو[6] در این معبد منظرهٔ شگفت‌انگیزی را خلق کرده بودند. آن حال‌وهوا ولی برای من چیزی کم داشت. به اتابک، که مشغول عکس گرفتن بود، گفتم: «دلم می‌خواست بچه‌هام هم اینجا بودن؛ از دیدن این منظره لذت می‌بردن و من هم از لذت بردن اون‌ها کیف می‌کردم!» او مکثی کرد و جواب داد: «راستش اگه من جای بچه‌هات بودم، دوست نداشتم پدرم از زندگی خودش بگذره و فقط برای ما زندگی کنه.» حرفش در نگاه اول به مذاقم خوش نیامد. گفتم: «شاید. ولی من این‌طوری فکر نمی‌کنم. جنبه‌هایی از زندگی هست که تو

1. Yukawa Institute for Theoretical Physics
2. Kyoto University
3. Shinji Mukohyama
4. Kitano Tenmangū

۵. این معبد به‌عنوان نماد دانش و خرد مورد احترام است و دانش‌آموزان و دانشجویان برای موفقیت در تحصیل به آنجا می‌روند و دعا می‌کنند.

۶. گل‌های آلو کمی کوچک‌تر از گل‌های گیلاس هستند، معمولاً پنج گلبرگ دارند و رنگ آن‌ها سفید، صورتی و قرمز است.

نمی‌دونی.» او چیزی نگفت، اما حرف‌هایش مثل بذری بود که ته ذهنم کاشته شد و من انگار از روی ترس سدی ساختم تا مانع آبیاری آن بذر اندیشه شوم. نمی‌دانم منشأ این ترس واقعاً چه بود؛ شاید از به هم خوردن آرامش نسبی شغلی و خانوادگی‌ام می‌ترسیدم. اما از این غافل بودم که این دانه بدون نیاز به خاک حاصلخیز و بی‌آنکه چشم به راه بارانی باشد می‌تواند راه خودش را پیدا کند.

وقتی به تهران برگشتم، با اینکه بهار فرانرسیده بود، داشتم تحول آن بذر را می‌دیدم؛ انگار به دنبال روزنه و نوری برای بیرون زدن بود، ولی من آگاهانه به آن توجه نمی‌کردم. احساسم نسبت به آن بذر مثل مادری بود که از دست فرزندش ناراحت است و با اینکه وانمود می‌کند به او بی‌توجه است، زیرچشمی تمام حرکاتش را زیر نظر دارد. دو روز بعد از بازگشتم به ایران، از فرصت مرخصی بعد از مأموریت استفاده کردم و به دنبال پسرهایم رفتم. کنار اتاق تازه‌رنگ‌شدهٔ بابای مدرسه، پدر و مادرهای زیادی منتظر فرزندانشان بودند. پسرهایم را از دور دیدم و صدایشان زدم. با هم به‌سوی خانه حرکت کردیم، اما خبری از ذوقی که دوست داشتم در چشمانشان ببینم نبود. وقتی به خانه رسیدیم، هنگام شستن دست و صورتم، متوجه شدم پسرم به مادرش می‌گوید: «می‌شه بابا دیگه نیاد دنبالم؟! آخه خیلی پیره! بابای دوستام خیلی جوون‌ترن!» نمی‌توانستم خودم را به نشنیدن بزنم. ترک‌های روی دیوارهٔ سد بزرگ‌تر و عمیق‌تر می‌شدند و من نمی‌توانستم جلوی جریان آب را بگیرم. این شد که بذر کاشته‌شده زیر درختان آلوی معبد دانش و خرد شروع کرد به جوانه زدن، گل دادن، و با گرده‌افشانی تمام وجودم را عطرآگین کردن. تنهٔ این نهال آلو، مثل لوبیای سحرآمیز، ناگهان رشد کرد و مرا

از زیر یک خروار گل‌ولای با خودش بالا کشید. با اینکه لحظات به‌ظاهر دردناکی را تجربه می‌کردم، احساس سبکی عجیبی داشتم. مثل یک پروانه، سوار بر شاخه‌های درخت آلو شدم و به سمت نوری از امید حرکت کردم که احتمال داشت آیندهٔ مرا متحول کند. از آن ارتفاع به رفتارها و اندیشه‌های خودم آگاهی داشتم و می‌توانستم بیش از پیش خودم را تحلیل کنم و بشناسم.

کمی بعد، برای یک سفر تحقیقاتی دیگر به مؤسسهٔ برنولی[1] واقع در دانشگاه پلی‌تکنیک فدرال لوزان سوئیس[2] دعوت شدم. برای این سفر لباس‌هایی به رنگ‌های زرد و قرمز تهیه کرده بودم و دیگر خبری از آن کلاه مشکی ساده نبود. اصلاح صورتم را تغییر داده بودم: یک ته‌ریش پروفسوری که توسط یک سبیل پرپشت‌تر حمایت می‌شد. به‌سادگی می‌شد از نزدیک حضور موهای سفید را روی صورتم تشخیص داد، ولی غلبهٔ سیاهی در سبیل، هماهنگی خوبی با ابروهای یک‌دست مشکی و عینک سبز لجنی پیدا کرده بود. با اینکه رابطهٔ خوبی با دوربین نداشتم، در آن سفر شروع کردم به گشت‌وگذار در شهر و عکس‌های زیادی گرفتم. به یاد حرف‌های اتابک می‌افتادم و سعی می‌کردم از محیط لذت ببرم. وقتی عکس‌هایم را برای خانواده ارسال می‌کردم دلتنگی‌ام کمتر می‌شد. فهمیده بودم وقتی من اینجا خوشحال باشم، آن‌ها هم خوشحال‌ترند.

وقتی به ایران برگشتم، همان لباس‌های رنگی را در پژوهشکدهٔ نجوم هم پوشیدم. همکارانم که در این پنج سال مرا شناخته بودند، تصور می‌کردند این سبک جدید پوشش به‌خاطر سفر به سوئیس است، اما

1. Bernoulli Center for Fundamental Studies
2. École Polytechnique Fédérale de Lausanne (EPFL)

واقعیت ایـن بـود کـه همه‌چیـز از لحظه‌ای آغـاز شـده بود کـه پسرانم آن بذر کاشته‌شده در زیـر درخت‌هـای آلـو را آبیـاری کـرده بودنـد.

پردهٔ دوم: میان زمین و کهکشان

روز درختـکاری بـود و در محوطـهٔ بـاغ لارک، بزرگ‌تریـن مجموعـهٔ متعلق به پژوهشگاه دانش‌هـای بنیـادی، بـه همـراه دیگر اعضای پژوهشکده مشغول کاشت نهـال بودیـم. نهالـم را به کمک دوستم کاشتـم و بیل را بـه نفر بعدی دادم؛ درحالی‌کـه حواسـم پیـش برنامه‌ای بود کـه توسـط کامپیوتـرم در دفتر کارم اجـرا می‌شـد: شبیه‌سـازی و محاسبـهٔ امـواج گرانشی از کیهان اولیـه. تقریبـاً تمـامی دانشجویان دکتـرا، محققین پسـادکترا و اعضـای هیئت‌علمی پژوهشکـدهٔ نجـوم دور هـم جمـع شـده بودیـم تـا بـا کاشتـن نهـال روز درخت‌کاری را گـرامی بداریـم، بـه ایـن امید کـه زمیـن را جـای بهتـری برای آینـدگان کـرده باشیـم. بـا لبخنـدی ملیـح به اسـتقبال عکس پایان مراسم می‌رفتـم کـه نـاگهان دسـتم به شـاخهٔ درختـی برخورد کرد و سوزشـش مرا حـدوداً ۶۷ مـاه بـه عقـب بـرد؛ زمانی کـه مخلوطی از عرق و اشـک محل تاولِ تازه‌بازشدهٔ دسـتم را خیـس کـرده بـود؛ عـرق نـاشی از اشـعهٔ داغ خورشیـد کویـر و اشـکِ شـوق دریافت خبر موافقت یک مجلـهٔ معتبـر بین‌المللی برای چـاپ مقاله‌ام خوشـحال بـودم از اینکه بالاخره می‌توانسـتم از رسالـهٔ دکترایم دفـاع کنـم و دیگر مجبور نباشـم بـا رفتن به روسـتاهای دورافتـاده زندگی را بگذرانـم. اگـر همه‌چیـز طبـق برنامه و خواسـتهٔ من پیـش می‌رفت، به‌زودی مثـل بقیـهٔ پژوهشـگران، در دفتـر کارم در یک محیط علمی بـودم و کامپیوتر بسیار پیشـرفته‌ام در حـال شبیه‌سـازی برخورد دو کهکشـان و یـا سیاهچاله بـود. بـا فکـر بـه اینکـه حتی یـک اتـاق بسیار کوچک با یـک صنـدلی کهنه و امـکان دسترسـی بـه اینترنـت بـرای مـن کافی اسـت تـا مرزهـای علـم را

درنوردم، با پای راست ضربهٔ محکمی به بیل زدم و سطل استاد بنا، که با صدایی خسته و خشن فریاد میزد: «دکتر حواست کجاست؟» را پر کردم. با اینکه هنوز مدرک دکترایم را نگرفته بودم، آنجا مرا دکتر خطاب میکردند و گاهی سؤالات پزشکیشان را هم از من میپرسیدند! درحالیکه من کاملاً بیاطلاع از اسرار درون انسان بودم، میپنداشتم که قادرم به سؤالاتی از اعماق کیهان بهخوبی پاسخ دهم. در آن دوران من سرگروه چند گروه جهادی بودم که به قصد خدمترسانی و آبادانی روستاها به مناطق محروم اعزام میشدند و سعی در ایجاد توسعهٔ پایدار در آن مناطق داشتند. بهعلت کمبود نیروی کار، علاوهبر کارهای مدیریتی، پشتیبانی و مستندسازی، کارهای فنی و یدی هم انجام میدادم. شعار ما این بود: **از مردم، با مردم، برای مردم.** اینها همه در حالی رخ میداد که مقالات من در نشریهٔ کیهانشناسی و فیزیک ذرات کیهانی[1]، یکی از معتبرترین مجلات علمی مرتبط با تحقیقات کیهانشناسی، در دست داوری بود.

آن زمان اصلاً تصور نمیکردم که در آیندهای نزدیک، از این دوره از زندگیام به نیکی یاد کنم و آن را بهترین دوران زندگیام بنامم. دستاوردهای این دوره یکی از ستونهای آگاهی من است و تجربهٔ زیستهام بر آن بنا شده است.

پردهٔ سوم: بازگشت از یک میانبُر

در دورهٔ کارشناسی ارشد علاقهٔ خاصی به سؤالات فلسفی مرتبط با فیزیک داشتم. سؤالاتی مثل:

- آیا جهان در سطح کوانتومی ذاتاً احتمالاتی است، یا این تنها محدودیت دانش ماست؟

---

1. Journal of Cosmology and Astroparticle Physics (JCAP)

- اگر زمان در لحظهٔ مِهبانگ[۱] شروع شده است، چه چیزی قبل از آن وجود داشته است؟

و ...

در اواخر دورهٔ کارشناسی ارشد به این نتیجه رسیدم که نمی‌توانم با پرداختن به فلسفه از عهدهٔ مخارج زندگی بربیایم. علاوه‌بر این، وقتی موفقیت‌های هم‌دوره‌ای‌هایم را در بخش‌های نظری و عملی فیزیک می‌دیدم، هنگام پرداختن به سؤالات فلسفی احساس شرم می‌کردم و نسبت به علاقه‌های خودم بیشتر بدبین می‌شدم. این باعث شد که در دورهٔ دکترا، رشتهٔ گرانش و کیهان‌شناسی را انتخاب کنم. در این دوره حواسم بود که تمرکزم را از روی چرایی (سؤالات فلسفی) بردارم و بر روی چگونگی (سؤالات علمی) قرار دهم و تلاش‌های آکادمیکم را در سطح کشف، ایده‌پردازی و کاوش پدیده‌های کیهانی با کمک گرفتن از نتایج به‌دست‌آمده از ابزارهای مدرن رصدی، مانند تلسکوپ پلانک[۲]، که آن زمان سروصدایی به پا کرده بود، نگه دارم. روش من پیروی از نظام استانداردسازی بود: هدفت را مشخص کن، تلاش کن، رها نکن تا به نتیجه برسی و کامیاب شوی.[۳]

پایان‌نامهٔ دکترای من مرتبط با تابش زمینهٔ کیهانی[۴] بود؛ من روی

---

۱. مهبانگ معادلی فارسی برای انفجار بزرگ (Big Bang) است. نظریهٔ مهبانگ، که نزدیک به یک قرن است بسیاری آن را به‌عنوان توضیحی علمی برای پیدایش جهان پذیرفته‌اند، توصیف می‌کند که چگونه جهان از یک وضعیت نخستین با دما و چگالی بسیار زیاد، در گذر زمان انبساط یافته است.

۲. تلسکوپ پلانک سومین و آخرین تلسکوپ فضایی بزرگی بود که به مطالعهٔ تابش زمینهٔ کیهانی اختصاص یافته بود و نتیجهٔ کار آن، اندازه‌گیری‌های دقیق‌تر از سن، هندسه و ترکیب کیهان بود.

۳. از کتاب \اسب سیاه\؛ نوشتهٔ تاد رز-اگی اگاس؛ ترجمهٔ پیام بهرام پور.

٤. تابش زمینهٔ کیهانی (Cosmic background radiation) تابشی است که تمام فضا را به‌طور همگن پر کرده است. این تابش که درسال ۱۹٦٥ به‌طور اتفاقی کشف شد، به‌عنوان یکی از شواهد وجود مهبانگ (بیگ‌بنگ) در نظر گرفته می‌شود.

فوتون‌هایی[1] کار می‌کردم که از اعماق فضـا بـه سـمت مـا می‌آینـد.

بـه نظر می‌آمد استراتژی‌ام جـواب داده بـود: از سـؤالات فلسـفی فاصله گرفتـم و مثـل بقیـهٔ دوستانم پله‌هـای موفقیـت را درنوردیدم؛ به‌طوری کـه بعـد از دفـاع از پایان‌نامـهٔ دکترایـم توانسـتم بیـش از پنـج سال به‌عنـوان محقـق پسـادکترا و پسـادکترای ارشـد در پژوهشـکدهٔ نجـوم پژوهشـگاه دانش‌هـای بنیـادی مشـغول بـه کار شـوم. در ایـن مـدت به‌واسـطهٔ همـکاری و همدلـی پروفسـور حسـن فیروزجاهی[2]، رئیـس وقت پژوهشـکده، پیشـرفت‌های شـغلی و حرفـه‌ای خـوبی کسـب کـردم و بـه تمام آنچـه قبلاً بـرای خـودم متصـور بـودم رسـیدم: دفتـر کاری داشـتم بـا دسترسـی خـوبی بـه اینترنـت و کامپیوتـر نسـبتاً مناسـبی کـه می‌توانسـتم محاسـباتم را بـا آن بـدون مشـکل پیـش ببـرم. از آنچـه داشـتم راضـی بـودم و سـعی می‌کـردم کاری کـه بایـد انجـام بدهـم را بـه بهترین شـکل بـه پایـان برسـانم و ایـن باعـث شـد پیشـرفت شـغلی خـوبی را تجربـه کنـم.

بـا رفـع موقتـی مشـکلات مالـی و تجربه‌هایـی کـه در سـفرهای تحقیقاتـی‌ام بـه کشـورهای مختلـف کسـب کـرده بـودم، گویـی آگاهـی جدیـدی در حال بارگذاری روی ذهنـم بـود. انـگار از روی شـاخه‌های درخـت آلو می‌توانسـتم بـه تمـام گذشـته و آینـدهٔ خودم سَـرک بکشـم و جور دیگری اتفاقـات را نظاره کنم، سـؤالاتی را کـه رویشـان سـرپوش گذاشـته بودم زنده کنم و حتی لباس جدیـدی به علایق مدفون‌شـده‌ام بپوشـانم. سـؤالات فلسـفی‌ام بـا رنـگ و طعم جدیـدی برگشـتند، ولـی ایـن بـار هـدف دیگـری را نشـانه رفتـه بودنـد: چـرا جهـان قابـل درک اسـت؟ چرا انسـان می‌توانـد جهان را درک کنـد؟ به عبارت

---

۱. در رویکـرد کوانتومی، نـور را متشـکل از ذراتـی بـه نـام فوتـون (photon) فـرض می‌کننـد. فوتون‌ها جـرم ندارنـد و همـواره بـا سـرعت نـور حرکـت می‌کننـد.

2. Hassan Firouzjahi

دیگر، سؤالات فلسفی مـن از روی چـرایی کیهان و قوانیـن آن برداشتـه شـده بـود و بـه درون خـود انسان متمایل شـده بـود. انسان کیست و چه پتانسیل‌هایی دارد؟ چگونه می‌توانـد بـه حداکثر رشـد و شکوفایی برسد؟ اسـتعداد او تا کجاسـت...؟ فلسفه را با شـرم از فلسفی فکر کردن ترک کرده بـودم، امـا دوبـاره، بسیار فلسفی‌تر، بـه آن برگشتـه بـودم! این‌چنین شـد کـه مطالعـات توسعـۀ فـردی و روان‌شنـاسی مثبت‌گـرا توجـه مـرا جلب کـرد و عزمـم را جـزم کـردم کـه بـه ایـن حوزه وارد شـوم.

حـالا کـه زمـان زیـادی از آن دوران گذشتـه اسـت، می‌توانـم رفتـارم را توجیـه و تأییـد کنـم. البتـه ایـن کار درستـی نیست، ولی بـه مـن ایـن احساس را می‌دهد کـه عمـرم را تلف نکرده‌ام. مـن بنـا بـه مقتضیـات زمـان یـک تغییـر جهت بـه زندگی‌ام دادم: یـک تغییـر مسیـر از ارشـد بـه دکتـرا (از فلسفۀ کیهان بـه فیزیک کیهان‌شناسی) و بعد بازگشت بـه فلسفه، منتهـا از مسیـر چـرایی انسان!

اینکـه انسان مسیرهـای مختلـف را امتحـان کنـد و بسته بـه شـرایط پیـش رو انتخاب‌هـای به‌ظاهـر متناقـض داشتـه باشـد، یـک هنـر اسـت و باعـث شکوفایی می‌شـود. شـاید بتوانـم ایـن مطلـب را، به‌عنـوان نکتـۀ اول، این‌طـور خلاصـه کنـم: اگر تفکـر یـا علاقـۀ خاصـی داری، امـا شـرایط مناسب بـرای پرداختـن بـه آن را نـداری، بـه انجام آن اصرار نکـن، ولی اگـر واقعـاً عاشـق آن هستـی پس ذهنـت نگهـش دار، هـرازگاهی بـه آن نـگاهی بینـداز و اگـر زمـان و شـرایط را مناسـب دیدی، بـرای بازگشت بـه آن شـرم نداشتـه بـاش.

نکتـۀ دوم ایـن اسـت کـه بایـد بتوانـی بـا مهره‌هایی کـه پیـش رویـت چیـده شـده بـازی کـنی، نـه اینکـه همیشـه نگاهـت بـه مهره‌هـای دیگـران

باشد. در طی دوران زندگی‌ام، به‌مرور آموختم که اگر نتوانم با آن‌ها بهترین بازی را انجام دهم، با هیچ مهرهٔ دیگری هم نمی‌توانم. در این بین، اگر نیازی به مهره‌های جدید باشد، در زمان مناسب خودشان به سمت من می‌آیند؛ به شرطی که توانایی‌ام را در بازی با مهره‌هایی که از قبل داشته‌ام نشان داده باشم. جالب این است که وقتی تمرکزت روی مهره‌های خودت باشد، می‌توانی قوانین بازی را هم خودت بچینی؛ طوری که مطمئن باشی همیشه برنده‌ای. ولی پیروز شدن هنگام بازی با مهره‌های دیگران قطعی نیست.

اینکه مهرهٔ جدید چطور به بازی تو اضافه می‌شود سؤالی اساسی است. مثلاً یک نفر کاملاً اتفاقی شکوفا می‌شود، دیگری با شخص خاصی مرتبط می‌شود، دیگری ژن خوب دارد، دیگری در یک زمان معین در یک مکان خوب بوده است و غیره. ولی من فکر می‌کنم همهٔ این شانس‌ها با خیرخواهی و کمک به هم‌نوعان قابل کنترل است.

پردهٔ آخر: هدفی فراتر از دانش

لذتی که از کمک کردن به دیگران در مناطق محروم وجودم را فراگرفته بود برایم با هیچ لذت دیگری قابل مقایسه نبود. بیش از پنج سال به‌عنوان محقق پسادکترا و پسادکترای ارشد در پژوهشکدهٔ نجوم مشغول به کار بودم. طی آن مدت به کنفرانس‌های بین‌المللی متعددی دعوت شدم و به‌علاوه، در چندین دانشگاه و مرکز تحقیقاتی معتبر جهانی سخنرانی داشتم، اما کاری که برای روستاییان انجام می‌دادم و شادی و امیدی که در چهره‌شان می‌دیدم برایم لذت دیگری داشت. با بزرگ‌ترین دانشمندان و محققان فیزیک دنیا

نشست‌وبرخاست داشتم و تی‌تایم[1] گذراندم، اما همدلی و هم‌سفره شدن با کسانی که در بدترین شرایط اقتصادی به سر می‌بردند طعم دیگری داشت.

من ایمان دارم که دعای خیر افرادی که سعی می‌کردم به آن‌ها کمک کنم در پیشرفت علمی من بی‌تأثیر نبوده است. از طرف دیگر، اصلاً نمی‌خواهم تلاش‌های پژوهشگران در هیچ‌کجای زمین را کمرنگ جلوه دهم و می‌دانم که نقش تک‌تک آن‌ها در پیشرفت و شکوفایی بشر غیرقابل‌انکار است. می‌خواهم بگویم که احساس مفید و ارزنده بودن، تأثیرگذار بودن، شاد بودن و توانایی شاد کردن دیگران برای من وقتی حاصل می‌شد که در حال کمک به مردم عادی بودم، نه در حال ارائه و سخنرانی برای دانشمندان برتر دنیا. البته که موفقیت‌های علمی نیز حس خوبی به من می‌دهد، اما برای من شادکامی واقعی در جای دیگری است!

وقتی به مسیر پرپیچ‌وخم زندگی‌ام، از روستاهای دورافتاده تا مؤسسات پژوهشی برجسته و از پرسش‌های کیهانی تا پرسش‌های درونی نگاه می‌کنم، درمی‌یابم که این مسیر، صرفاً یک سفر علمی یا فکری نبوده است؛ سفری انسانی بوده غوطه‌ور در دریایی از عدم قطعیت‌ها ولی با چشم امید به‌سوی ستارهٔ شمال شکوفایی. آنچه آموختم این بود که شک داشتن مانعی برای شکوفایی نیست، بلکه شجاعت زیستن در دلِ ابهام، با چشمانی باز، دلی گشوده و اعتمادی آرام به حقیقت درونی، معنای واقعی شکوفایی است. تجربه‌هایم در حوزه‌های گوناگون و نقش‌هایی که به‌عنوان پدر، پژوهشگر و کوچ

---

۱. Teatime: زمانی بین سخنرانی‌ها در کنفرانس که ارائه‌دهندگان و مخاطبان به بهانهٔ خوردن اسنک و میان‌وعده به گفت‌وگو و پرسیدن سؤال می‌پردازند.

ایفـا کـرده‌ام، همگـی ریشـه در چشـم‌اندازی فراتـر از بقـا داشـته‌اند: تعهـد بـه زیسـتن معنـادار، خلـق اثرگـذاری و کمـک بـه دیگـران بـرای یافتـن روشـنی در آسـمان زندگی‌شـان. اکنـون آموختـه‌ام کـه شـکوفایی مقصـد نهایـی نیسـت، بلکـه تمرینـی مـداوم اسـت؛ تعهـدی بلندمـدت بـه رشـد، معنـا و شـجاعت بـرای تحـول، حتـی زمانـی کـه مسـیر نامعلـوم اسـت.

ستاره‌ای که در آسمان پیدایش نکردم!

از پرسش‌های کیهانی تا روشنای درون: سفری به‌سوی شکوفایی ناپایدار

دربارهٔ نویسنده

دکتر علیرضا طالبیان فارغ‌التحصیل مقطع دکترای فیزیک، گرایش نجوم و گرانش، از دانشگاه تهران است. او دانش‌آموختهٔ دورهٔ تربیت مدرس شکوفایی (فردی و سازمانی) با مدرک فدراسیون بین‌المللی کوچینگ[1] و همچنین در حال حاضر دانش‌پذیر کوچینگ حرفه‌ای در آکادمی ستارهٔ شمال است. علیرضا بنیان‌گذار مجموعهٔ **سِتارَتو**[2] است؛ جایی که به دیگران کمک می‌کند مسیر شکوفایی شخصی خودشان را کشف کنند. او و تیمش در **سِتارَتو** معتقدند راه‌حل تمام مشکلات در درون هر فرد نهفته است؛ تنها کافی است خودشان و استعدادهای درونی‌شان (ستاره‌های درون) را بهتر بشناسند.

---

1. International Coaching Federation
2. Innerstellar

تجربهٔ زیستهٔ علیرضا طیف گستره‌ای از فعالیت‌ها را شامل می‌شود؛ تجربهٔ تحصیل و تدریس در چندین دانشگاه تراز اول ایران، تجربه‌های کاری در شیرینی‌پزی، بنایی و کشاورزی، تدریس خصوصی، سخنرانی در دانشگاه‌ها و مراکز معتبر علمی، خبرنگاری منطقه‌ای، اجرای طرح‌های ترک اعتیاد در مناطق شهری، اجرای فعالیت‌های توسعهٔ پایدار روستایی و استعدادیابی کودکان دبستانی. گسترهٔ تجربیات او نه‌تنها وسیع، بلکه عمیق هم هست.

رسالت اولیهٔ علیرضا آموزش فیزیک به دانشجویان و علاقه‌مندان بود. در این مسیر، او به‌عنوان مدرس و استاد در دانشگاه‌های تراز اول ایران مانند دانشگاه‌های تهران و شهید بهشتی تدریس داشته است. او همچنین با تأسیس آموزشگاه **ماژیک طلایی** در شهرستان اشکذر، به استعدادیابی دانش‌آموزان دبستانی پرداخته و برنامه‌های ترویج علم[1] را نیز در دستور کار فعالیت‌های آموزشگاهش قرار داده است.

علیرضا با حمایت‌های پدر، مادر و همسرش تحصیلات دانشگاهی را در موضوعات مبانی فلسفی فیزیک کوانتومی و تابش زمینهٔ کیهانی در دانشگاه صنعتی شریف و دانشگاه تهران با موفقیت به پایان رساند. سپس به‌عنوان محقق پسادکترا، پسادکترای ارشد و محقق تمام‌وقت با پژوهشکدهٔ نجوم پژوهشگاه دانش‌های بنیادی همکاری داشت. طی این همکاری‌ها، علیرضا مقالات متعددی در معتبرترین مجلات فیزیک و کیهان‌شناسی به چاپ رساند و کمک‌هزینه‌های پژوهشی متعددی را نیز از بنیاد سرآمدان علمی ایران و بنیاد ملی نخبگان ایران جذب کرد. او همچنین برای سخنرانی و همکاری، به دانشگاه‌ها و کنفرانس‌های بین‌المللی متعددی دعوت

1. Outreach

شد؛ از مؤسسهٔ یوکاوا[1] در ژاپن گرفته تا مؤسسهٔ اخترفیزیک پاریس[2]، مؤسسهٔ کیهان‌شناسی دانشگاه بارسلونا[3]، مرکز بین‌المللی فیزیک نظری عبدالسلام[4] در ایتالیا، مؤسسهٔ برنولی[5] در سوییس و مؤسسهٔ تحقیقات بنیادی شرق آفریقا[6] در روآندا.

بعد از کسب این موفقیت‌ها، سؤالاتی که علیرضا از آن‌ها فاصله گرفته بود، در لباسی جدید بازگشتند. این سؤالات در کنار تجربهٔ همدلی با دانشجویانش، باعث شد که او توانایی خود در کمک به دیگران را جدی‌تر بگیرد و به فکر راه‌اندازی کسب‌وکار شخصی خودش بیفتد؛ این‌گونه بود که سِتارَتو متولد شد.

حالا که علیرضا رسالت زندگی‌اش را کشف کرده است، می‌خواهد به دیگران کمک کند تا به آرزوهایشان برسند. او معتقد است این سبک زندگی تنها مسیری است که سرخوشی و احساس زنده بودن را برایش به ارمغان خواهد آورد. این روزها علیرضا با چالش‌هایی دست‌وپنجه نرم می‌کند که مهم‌ترین آن‌ها تغییر سبک زندگی حرفه‌ای از یک پژوهشگر بین‌المللی به یک کارآفرین موفق است.

راه‌های ارتباط با نویسنده:

www.alirezatalebian.ir
www.linkedin.com/in/innerstellar
innerstellar.me

1. Yukawa Institute, Kyoto University, Japan
2. Institut d'astrophysique de Paris (IAP)
3. Institut de Ciències del Cosmos - Universitat de Barcelona (ICCUB)
4. The Abdus Salam International Centre for Theoretical Physics (ICTP)
5. Bernoulli Center for Fundamental Studies
6. ICTP-East African Institute for Fundamental Research (ICTP-EAIFR), Kigali, University of Rwanda

ولی حالا چرا؟

بازسازی چرخ زندگی
برای رشد و شکوفایی

دکتر مصطفی عظیمی

ولی حالا چرا؟

بازسازی چرخ زندگی برای رشد و شکوفایی

دکتر مصطفی عظیمی
وکیل پایه‌یک دادگستری، مدرس توسعهٔ فردی و سازمانی

در بیمارستان، میان سؤال‌ها و سکوت‌ها

با صدای زنگ در هر دو از خواب پریدیم. «ساعت ۲ و ۴۷ دقیقه‌س! نصفه‌شبی کیه؟!» هراسان خودم را به آیفون رساندم. مریم خانم، همسر دوستم، رضا، بود. «بفرمایید بالا.» به همسرم گفتم راهنمایی‌اش کند، خودم هم سریع لباس مناسب پوشیدم. جلوی در آپارتمان منتظرش بودیم. از آسانسور بیرون آمد و بی‌مقدمه، با صدای بلند گفت: «چرا تلفن‌هاتون رو جواب نمی‌دید؟» به داخل راهنمایی‌اش کردیم. گله‌مندانه گفت: «الان ۲۵ دقیقه‌س هرچی شمارهٔ منزلتون و موبایل‌هاتون رو می‌گیرم هیچ‌کدومو جواب نمی‌دید. مُردم تا خودم رو رسوندم اینجا.» همسرم گفت: «شما که می‌دونید؛ تلفن ثابتمون اصلاً وصل نیست، موبایل‌هامون هم ساعت ده به بعد می‌ره رو حالت سکوت، ساعت ده و نیم شب هم می‌خوابیم.» انگار که روال زندگی ما تازه یادش افتاده باشد، سرش را پایین انداخت و گفت: «ببخشید، اصلاً یادم نبود. حقیقتش خیلی دستپاچه شدم. رضا بیمارستانه. تصادف کرده؛ یعنی ماشین زده بهش. از اورژانس بهم زنگ زدن. سامان هم خونه نبود، خواستم از شما کمک بگیرم.»

سریع آماده شدم و راه افتادیم. ماشین را نزدیک بیمارستان پارک کردم و به‌سرعت خودم را به اورژانس رساندم. مریم خانم زودتر

رسیده بود و داشت با پرستاری صحبت می‌کرد. پرسیدم: «چه خبر؟» گفت: «هنوز خبر خاصی نیست.» دو تا صندلی خالی پیدا کردیم و منتظر نشستیم. بعد از دو سه دقیقه سکوت مطلق، مریم خانم گفت: «تو رو خدا آقا مصطفی، بازم ببخشید که اون‌جوری صحبت کردم دربارهٔ تلفن‌ها. حقیقتش اون چیزایی که تو زندگی شما عادیه، تو زندگی ما بدبختانه اصلاً معنا نداره. دلم خوش بود که شوهرم وکیله و کارش دست خودشه، ولی زهی خیال باطل! صبح ساعت ۶ می‌زنه بیرون، ساعت ۱۱ شب زنگ می‌زنم کجایی، می‌گه نیم ساعت دیگه می‌رسم! یه روزم که خونه‌س یا به یکی زنگ می‌زنه یا یکی بهش زنگ می‌زنه؛ حالا بشین تا مکالمهٔ کاری آقا تموم بشه!»

«خب اینم از مشکلات کار وکالته؛ بعضیا بی‌ملاحظه تو تعطیلات یا ساعت‌های غیرکاری زنگ می‌زنن.»

«خب اونا زنگ بزنن، رضا نمی‌تونه بگه ساعت کاریم نیست؟! طرف ساعت ۱۲ شب زنگ می‌زنه می‌گه کار اورژانسی دارم، آخرش می‌فهمیم کارش برای یه ماه دیگه‌س!»

«چی بگم والله. از این تلفن‌ها به منم می‌زنن، ولی نه دیگه ۱۲ شب.»

«خب معلومه؛ وقتی ساعت خواب مشخصه، ساعت ۱۰ شب تلفنتون خاموشه، شماره تلفن خونه‌تون رو برای مسائل کاری به هر کسی که از راه می‌رسه نمی‌دین، نبایدم از این مشکلات داشته باشین.»

«الان با این حرفا اعصاب خودتونو بیشتر خرد می‌کنید. ان‌شاءالله که همه‌چی درست می‌شه.»

پرسـتار از راه رسـید، نسـخهٔ رضـا را بـه مـن داد و گفـت کـه سـریعاً داروهایـش را تهیـه کنیـم. مریـم خانـم نسـخه را از دسـتم گرفـت و گفـت: «مـن می‌گیـرم. شـما لطفـاً اینجـا در دسـترس باشـید.» درحالی‌کـه نسـخه را تـا می‌کـرد، آهی کشـید و کامـلاً ناامیدانـه گفـت: «بلـه آقـا مصطفـی، مـن هـم فکـر می‌کـردم همـه‌چی درسـت می‌شـه.»

دادگاهی میان ما، بدون قاضی

در سـالن انتظـار نشسـته بـودم. سـروصدای همـراه مصدومـی کـه اصـرار داشـت بـالای سـرِ مریـض بدحالـش باشـد، توجهـم را جلـب کـرد. نگهبـان دسـتش را گرفـت و محترمانـه ولی جـدی به‌طـرف سـالن انتظـار هدایتـش کـرد. ایـن صحنـه بی‌اختیـار مـرا بـه یـک سـال پیـش بـرد؛ همـان روزی کـه مـن و رضـا بـرای آخریـن بـار همدیگـر را دیدیـم. عصـر چهارشـنبه بـود و در دفتـر رضـا قـرار داشـتیم. آخـر مـاه بـود و زمـان جمع‌بنـدی کارهـا. مشـغول بودیـم کـه زنـگ دفتـر بـه صـدا درآمـد. منشـی در را بـاز کـرد. آقـای کریمـی، یـکی از موکلیـن مشـترکمان، بـود. بـدون هماهنـگی قبـلی، بلافاصلـه از منشـی سـراغ رضـا را گرفـت و بـدون توجـه بـه اخطـار منشـی کـه «الان جلسـه دارن» وارد اتـاق شـد. دعوتـم را بـرای نشسـتن رد کـرد و گفـت: «کار زیـادی نـدارم. ایـن چـه رأی‌ایـه کـه بعـد از یـک سـال و چنـد مـاه بـرام گرفتیـن؟!» رضـا گفـت: «داریـم روی تجدیدنظرخواهیـش کار می‌کنیـم.»

«زندگی من رفته هوا، شما این‌قدر ریلکسین؟!»

رضـا کـمی پرخاشـگرانه گفـت: «چی‌کار کنیـم الان، خودمونـو دار بزنیـم؟ خـب رأی صـادر شـده، مـا هـم وظیفه‌مونـه اعتـراض کنیـم.» آقـای کریـمی تـا ایـن را شـنید، صـدایش را بـالا بـرد و گفـت: «جمـع کـن آقـا! اعتـراض، اعتـراض. از کجـا معلـوم اعتـراض کنیـد و همیـن نشـه دوبـاره.»

رضا گفت: «آقا مراعات کن! دست ما که نیست، رأی رو قاضی صادر می‌کنه.» موکل نگاهش را به‌طرف من چرخاند و گفت: «مگه شما نبودید که جلسهٔ اول، تو همین دفتر گفتید خیالت تخت؟»

من که از شنیدن این حرف کاملاً جا خورده بودم، با کلماتی که از عمق وجودم برمی‌خاست گفتم: «من این حرفو بهت زدم؟!» موکل گفت: «نه، شما نبودید؛ ایشون بود. ولی چه فرقی می‌کنه؟» سکوت کردم. آقای کریمی گفت: «چی شد؟ صداتون درنمی‌آد.» رضا گفت: «درست صحبت کن؛ اینجا محل کاره.»

«یک درست صحبت کردنی نشونت بدم!» آقای کریمی این را گفت و از اتاق خارج شد.

سکوت مرگباری اتاق را فراگرفته بود، سکوتی از جنس عصبانیت. کی از کی عصبانی بود؟ رضا از موکل، من از موکل، رضا از من یا من از رضا؟ رضا گفت: «آقا مصطفی اون چه حرفی بود زدی؟»

«کدوم حرف؟»

«همون که با حالت خاصی برگشتی بهش گفتی: «من بهت گفتم خیالت راحت باشه؟»»

«خب معلومه! وقتی من بهش نگفتم، چرا باید بپذیرم؟»

«گیریم که من گفته بودم؛ پرونده مشترک بود و مسئولیت شکستش هم با هر دوی ماست.»

این موضوع مدتی بود که استخوان لای زخمِ روابط من و رضا شده بود. چند بار دوستانه دراین‌باره با او صحبت کرده بودم، اما انگار

گوشـش بدهـکار نبـود. فرصت خـوبی بـود کـه بـرای آخـریـن بـار حرفـم را بزنـم. گفتـم: «بلـه، وقتـی دونفـری پرونده‌ای رو می‌گیریم مسئولیتش هـم مشـترکه، ولی الان بحث بـاخت پرونـده نیسـت؛ مسـئله بـاخت اخلاقـه.» بـا طعنـه گفـت: «بفرماییـد تـا مستفیض بشیم.» بی‌توجه بـه طعنـه‌اش گفتـم: «پیـش اومـده کـه مـن مـدارک مُراجـع رو خونـدم و بهت گفتـم کـه امـکان موفقیـت در پرونـده کمـه، ولی تـو بـا آب‌وتـاب مُراجـع رو مجـاب کـردی کـه باهـات قـرارداد ببنـده. تهـش هـم مـوکل محکـوم شـده.» انـگار کـه چیـزی یـادش نمی‌آیـد گفت: «کـدوم پرونـده؟»

«پرونـدۀ رسـتوران آقـای حسـینی، یـا مثـلاً پرونـدۀ آقـای تـقی‌زاده. یـادت می‌آد؟ بـا بـررسی مـدارک، مـن گفتـم کـه کامـلاً حـق بـا موکلـه، ولی تـو تـوی جلسـه طـوری از سـختی پیـروزی و ضعـف مـدارک صحبـت کـردی کـه نه‌تنهـا دل مُراجـع، بلکـه دل منـم هُـرّی ریخت! و بعـد از اینکـه همـۀ امیدهـای مـوکل رو ناامیـد کـردی بهـش گفتی: "ولی خـوب جایی اومـدی. اگـه وکیلـت ماییـم ببیـن چـه رأیی می‌گیریـم."»

«وکیل اون پرونده‌ها مـن بـودم. بـه شما ارتبـاطی نـداره!»

«آره، الان بـه مـن ارتبـاط نـداره، ولی ایـن پرونده‌هـای مشـترک مـا بـود کـه مـن به‌خاطـر اون رفتارهـای تـو وکالتشـون رو قبـول نکـردم.»

«دیـدی کـه تـوی پرونـدۀ آقـای تـقی‌زاده چـه رأیی گرفتـم! یعنـی بـرای پیـروزی در پرونـده هـم بایـد سـرزنش بشـم؟»

«خـوب می‌دونی منظـورم چیـه، خودتـو بـه اون راه نـزن. صحبـت سـر اخلاقـه؛ اخـلاق حرفـه‌ای، اخـلاق انسـانی. حرفـم اینـه کـه چـرا بایـد موکلی رو کـه بخشـی از زندگیشـو از دسـت داده، بـا وعده‌هـای پـوچ و بی‌اساس

امیدوار کنی تا بخش دیگه‌ای از زندگیش رو هم خرج هزینه‌های دادگاه و وکیل کنه، یا وقتی همه‌چی تو پرونده برای پیروزی موکل فراهمه، چرا باید موکل رو ناامید کنی تا یه قرارداد خوب ببندی و رأیی که در هر صورت به نفع موکل صادر می‌شد رو به اسم و قدرت حرفه‌ای خودت مصادره کنی؟»

رضا که از این حرف‌های من عصبانی‌تر می‌شد گفت: «اگه کار کردن بلد نیستی لطفاً موعظه نکن.»

«کار کردن بلد نیستم؟! این پولا خوردن نداره، این نونایی که تو سفره‌ت می‌ذاری حرومه.»

این را که گفتم حسابی عصبانی شد و درحالی‌که دست‌هایش از عصبانیت می‌لرزید گفت: «یه لحظه بیا.» دست مرا گرفت و کشان‌کشان به‌طرف در خروجی دفتر برد. در را باز کرد و گفت: «آقای حلال‌خور! لطفاً تشریف ببرید دفتر خودتون و پرونده‌هایی بگیرید که نوناش خوردن داره و منو با به قول خودتون کارما تنها بذارید! راستی، وقتی مُردم نیای بالا سرم فاتحه بخونی و طلب مغفرت کنی، چون می‌خوام برم جهنم!» محترمانه (!) مرا به بیرون دفتر هدایت کرد و در را محکم بست.

سکوت‌هایی که صدا شدند

درست است که رضا مدتی بود خیلی عصبی شده بود، ولی اصلاً انتظار این رفتار را از او نداشتم. شوکه شده بودم. جلوی آسانسور ایستاده بودم و با خودم فکر می‌کردم رضا عصبانی است و الان است که بیاید عذرخواهی کند که با صدایی به خودم آمدم. سامان بود.

گفت: «سلام عمو، حالت خوبه؟» گفتم: «سلام عمو جان. آره، چطور مگه؟!»

«چند بار صدات کردم؛ نشنیدی؟»

«فکرم مشغوله.»

«بابام کجاست؟ چه اتفاقی براش افتاده؟ گوشیمو روشن کردم دیدم مامان پیام داده که خودمو برسونم اینجا، الانم هرچی زنگ میزنم مامان جواب نمی‌ده.»

«آروم باش. بشین. چیزی نشده. بابا یه تصادف کوچولو کرده، هنوز تو اورژانسه.»

اشک از چشم‌های سامان سرازیر شد. داشتم آرامش می‌کردم که مریم خانم از راه رسید و شروع کرد داد زدن سر سامان: «معلومه کجایی؟ تا صبح ۵۰ بار بهت زنگ زدم. بدبختی من که یکی دوتا نیست!» سامان گفت: «مامان، دیشب دیدی که چه حالی داشتم. من که گفتم می‌رم پیش دوستم. گوشیم هم شارژش تموم شد.» گفتم: «حالا ولش کنید. خدا رو شکر که سامان الان اینجاست.»

سامان بلند شد. چند قدم آن‌طرف‌تر رفت، به ستون تکیه داد و چشم‌هایش را بست. به مریم خانم گفتم: «زیاد به سامان گیر ندید تو این اوضاع و احوال.»

«به خدا دست خودم نیست. اصلاً کنترل اعصابمو ندارم. طفلک سامان، نمی‌دونم دیشبو چطوری گذرونده.»

سامان پرسید: «مامان، چرا هیشکی اینجا نیست؟ نه عموها، نه عمه‌ها...»

«مادر، به هیشکی خبر ندادم. یهویی شد. فقط آقا مصطفی رو تو زحمت انداختم.»

«آره مامان جون، باور کردم! بگو هیچ‌کدوم نیومدن. اصلاً چرا باید بیان؟»

«بس کن سامان!»

سامان با لبخند تلخی گفت: «حتماً اگه بابا اینجا بود می‌گفت: "پسرم، این دغل دوستان که می‌بینی، مگسان‌اند گرد شیرینی؛ فقط وقتی دور و برت هستند که بوی پول به مشامشون برسه."» رو کرد به من و ادامه داد: «عمو مصطفی، خودت می‌دونی که بابای من همه‌چیو توی پول می‌بینه؛ احترام، زندگی، خانواده، خوشی، همه و همه براش از فیلتر پول رد می‌شن.»

گفتم: «سامان جان، فکر می‌کنی درسته که این‌جوری راجع‌به بابات پیش دیگران صحبت کنی؟»

«دروغ می‌گم؟ خوب یادمه پیارسال صاحب‌خونه اسباب‌اثاثیهٔ عمه فاطی اینا رو ریخت تو خیابون. بابا ککش هم نگزید. مامان گفت کمک کن یه جا خونه اجاره کنند، گفت: "فکر می‌کنی اون داماد فلان‌فلان‌شده بعدش پولمو پس می‌ده؟" گفتیم اون آپارتمان خالی‌مونو بده دو سه ماهی بشینن تا خودشونو جمع‌وجور کنن، گفت: "برن اون تو مگه عزرائیل بتونه بیرونشون کنه." آخرشم طفلکا رفتن ۴۰ روز تو یه اتاق خونهٔ عمو محسن اینا موندند. خود عمو محسنو چرا نمی‌گی؟ ۵ سال پیش که یه ازخدابی‌خبری داشت خونه‌شونو بالا می‌کشید از بابا کمک خواست، بابا گفت: "کاری نداره، برید کلانتری شکایت کنید، پدرشونو درمی‌آرن."هرچی مامان گفت برادرته، کمکش کن، گفت: "من وکیل خانوادگی طایفه نیستم، بره هزینه کنه وکیل بگیره، این کار تو کلاس کاری من نیست!" عمو مصطفی، خوب یادمه که آخرشم شما مشکلشو حل کردید. یا طفلکی عمو پیمان که هرچی گفت بذار بیام دفترت کار کنم،

بابا قبـول نکـرد. اونـم بـا مـدرک لیسـانس رفـت تـو کارگاه چوب‌بـری و اول جَوونیـش دو تـا انگشتـش رفـت زیـر ارّه. کدومشـو بگـم؟ عمه لیلا رو یادتـه...؟» مریـم خانـم گفـت: «سـامان، تمومـش کـن دیگـه!» سامان گفـت: «چشـم، تمومـش می‌کنـم.» و بـا حالـتی عصـبی، شمرده‌شـمرده ادامـه داد: «ولی لطفـاً شـما هـم نگـو بهشـون زنـگ نـزدم؛ بگـو زنـگ زدم، هیچ‌کـدوم نیومـدن؛ نخواسـتن کـه بیـان.» درحالی‌کـه بغـض گلویـش را گرفتـه بـود، رفـت دو ردیـف پشـت سـر مـا روی صنـدلی نشسـت و سـرش را گرفـت بیـن دو تـا دست‌هایـش. مریـم خانـم بـا ناراحـتی گفـت: «اگـر دردم یکـی بـودی چـه بـودی.»

نقطهٔ برگشت

حـال رضا بهتـر شـده بـود و او را بـه بخـش منتقـل کـرده بودنـد. کنـار تختـش رفتـم و سـلام کـردم. سـرش را برگردانـد و بـا تعجـب نگاهـم کـرد. نزدیک‌تـر شـدم. دسـتم را روی پیشانی‌اش گذاشتـم و حالـش را پرسیـدم. بـا حالـتی نـزار گفـت: «خوبـم.» گفتـم: «بهتـرم میشـی.» بـا توجـه بـه وضعیتـش خوش‌وبـش مختصـری کردیـم. گفـت: «پـس سـامان کـوش؟»

سـامان وقـتی شـنیده بـود حـال پـدرش بهتـر شـده، کمـی آرام شـده بـود، امـا حاضـر نشـد پـدرش را ببینـد. رضـا کـه انـگار بـو بـرده بـود، آهـی کشـید و گفـت: «حـق داره نیـاد.» بعـد مسـتقیم در چشـمانم نـگاه کـرد و گفـت: «همـه‌چی رو باختـم؛ همـه‌چی رو.» گفتـم: «همـه‌چی درسـت میشـه. فعـلاً بـه فکـر سـلامتیت بـاش.» درحالی‌کـه بریده‌بریـده صحبـت می‌کـرد گفـت: «کـدوم سـلامتی؟ زخـم معده، اسـترس، ناراحـتی قلـبی... سـلامتی مونـده بـرام؟ اینـم از حـال و روز الانـم. نمی‌دونـم جـای سـالم بـرام مونـده یـا نه.»

«خدا رو شـکر به خیـر گذشـته، فقـط آروم بـاش.»

«نمی‌تونم آروم باشم؛ اصلاً می‌دونی چرا سامان نیومده پیشم یا چرا من اینجام؟ دیشب ساعت ۱۲ رسیدم خونه. هیشکی خونه نبود. نیم ساعت بعد بچه‌ها رسیدند. گفتم کجا بودید، سامان گفت: "بابا، یعنی شما نمی‌دونستی که امروز قرار بود بریم برای من خواستگاری؟" من که تازه یادم افتاده بود چه گندی زده‌ام گفتم: "چرا بهم یادآوری نکردید؟" مریم عصبانی شد و گفت: "دیشب بهت گفتیم! گوشیتو چک کن؛ ببین امروز چند بار بهت زنگ زدم و جواب ندادی. پیامک برات فرستادم، حتی اونم ندیدی." گفتم: "شما که رفتید. خدا رو شکر، مبارکه!" تا اینو گفتم سامان رفت توی اتاقش و در رو محکم پشت سرش بست. مریم با نیشخندی گفت: "چی مبارکه؟ آقای پدر داماد! به‌خاطر نیومدنت ما سنگ روی یخ شدیم، هرجوری پیچوندیم که جلسهٔ مهمی براشون پیش اومد، گفتن جلسه‌ای مهم‌تر از خواستگاری پسرشون؟ آخرشم گفتن اجازه بدید ما فکرامونو بکنیم و اگه جوابمون مثبت بود خدمتتون اطلاع می‌دیم؛ البته از نحوهٔ «اگه» گفتنشون جواب کاملاً مشخص بود." دیشب شاید برای اولین بار دلم برای پسرم سوخت. حالم بد شد، حسم خراب شد. زدم بیرون تا یه‌کم قدم بزنم. تو خیابون حتی صدای ماشینا رو هم نمی‌شنیدم. ذهنم مشغول بود. همه‌ش حرفای مریم و سامان تو ذهنم تکرار می‌شد. اومدم برم اون‌ور خیابون سیگار بگیرم که دیگه نفهمیدم چی شد.»

«نگران نباش، سرحال می‌شی. دست خونواده‌تو می‌گیری دوباره برای سامان می‌رید خواستگاری.»

رضا درحالی‌که یواشکی اشک می‌ریخت گفت: «اصلاً نفهمیدم این

بچـه کـی بـزرگ شـد. خیلـی نگـران حـال سـامانم.»

«مـیرم پیـداش مـیکنم مـیآرمش پیشـت. تو فقط اسـتراحت کن.»

رضا دسـتم را گرفـت و فشـار داد. بـه چشـمهایم نـگاه کـرد و گفـت: «بابـت اون رفتـارم ازت معـذرت مـیخـوام.»

نمـیدانـم چـه حسـی داشـتم. انـگار یـک سـال منتظـر شـنیدن ایـن جملـه بـودم. لبخنـدی زدم و گفتـم: «فراموشـش کـن رفیـق.» رضا داشـت مـیگفـت وقـتی از بیمارسـتان مرخـص شـود همهچیـز را عـوض مـیکنـد کـه مریـم خانـم آمـد. گفتـم: «خـوب موقعـی اومـدی. ماشـین زده بـه رضا کلاً منقلـب شـده، بیـا ببیـن چیـا مـیگـه!» رضا بـا لبخنـدی کمرمـق گفـت: «قـول مـیدم تمـام گذشـته رو براتـون جبـران کنـم.» مریـم خانـم گفـت: «مغـزت جابهجـا شـده رضـا؟! تـو عمـرت یـه بـارم از ایـن حرفـا نـزدی.» بعـد انـگار کـه جـانی تـازه گرفتـه باشـد، دسـت رضا را گرفـت و دسـت دیگـرش را روی پیشـانیاش گذاشـت. گفتـم: «خـب دیگـه، مـن جلسـهٔ عاشـقانهٔ شـما رو تـرک مـیکنـم و مـیرم سـراغ سـامان.»

لحظهها را دریاب

درسـت نیـم سـاعت طـول کشـید تـا پشـت تلفـن سـامان را راضـی کنـم کـه بـه دیـدن پـدرش بیایـد. انـگار همهچیـز داشـت خـوب پیـش مـیرفت. کامـلاً خسـته بـودم. روی نیمکـت حیـاط بیمارسـتان ولو شـدم و چشـمهایم را بسـتم تـا سـامان خـودش را برسـاند. از فـرط خسـتگی خوابـم بـرده بـود. ناگهـان بـا شـنیدن صـدای جیغـی از خـواب پریـدم.

«صـدای گریـهٔ مریـم خانمـه؟ گفت رضـا؟» دلهـره امانم نمـیداد. با سـرعت بهطـرف بخـش دویـدم. بـاورم نمـیشـد. رضـا ایسـت قلبـی کـرده بـود! پـس

قول‌های چهل دقیقه پیش رضا، لبخند روی چهرهٔ مریم خانم، تصمیم سامان برای آشتی با پدرش... باورم نمی‌شد. آن لحظه برای اولین بار درک کردم که «ناگهان چقدر زود دیر می‌شود[1]».[2]

بازگشت به تعادل، بازگشت به زندگی

ما در پیچ‌وخم زندگی، اغلب به یک بُعد از آن چنگ می‌زنیم و ابعاد دیگر را فراموش می‌کنیم. کار، موفقیت، پول، یا حتی مسئولیت‌های خانوادگی می‌توانند آن‌قدر ما را درگیر کنند که روابط، سلامت، یا آرامش درونی‌مان را از دست بدهیم. داستان رضا، آینه‌ای است از همین بی‌تعادلی. شاید اگر رضا کمی زودتر به چرخ زندگی‌اش[3] نگاهی می‌انداخت، درمی‌یافت که زندگی چیزی فراتر از دادگاه‌ها و قراردادهاست.

چرخ زندگی به ما یادآور می‌شود که برای زیستنِ سالم و معنادار، باید میان ابعاد مختلف زندگی مانند کار، خانواده، دوستان، رشد فردی، سلامت جسم و روان، تفریح و معنویت تعادل ایجاد کنیم. گاهی کافی است مکثی کنیم و ببینیم کدام بخش‌های این چرخ خالی یا فرسوده شده‌اند و آگاهانه، برای پر کردن آن‌ها تصمیم بگیریم.

هیچ‌کس نمی‌خواهد روزی برسد که دیگران بگویند: «او خیلی موفق بود، اما...»

زندگی متعادل تنها راهی است که می‌تواند جای خالی آن اماها را پُر کند.

---

۱. قیصر امین‌پور

۲. این داستان واقعی نیست؛ روایتی است خیالی و ترکیبی از تجربه‌های مختلف که توسط نویسنده با هدف تأمل بر تعادل در زندگی، اخلاق حرفه‌ای و روابط انسانی نوشته شده است.

3 Wheel of Life

ولی حالا چرا؟
بازسازی چرخ زندگی برای رشد و شکوفایی

دربارهٔ نویسنده

دکتر مصطفی عظیمی کارشناس ارشد حقوق خصوصی، وکیل پایه‌یک دادگستری و مشاور حقوقی با بیش از ۲۸ سال سابقهٔ وکالت، عضو کانون وکلای دادگستری مرکز (تهران) و دارای مدرک دکترای حرفه‌ای مدیریت کسب وکار[1] از دانشگاه تهران است.

مصطفی اهمیت زیادی برای وکالت قائل است. می‌پرسند: «چون وکیل شدی می‌گی وکالت بهترین حرفه‌س؟» می‌گوید: «نه؛ چون وکالت بهترین حرفه‌س، وکیل شدم!» مصطفی وکالت را تنها یک حرفهٔ حقوقی نمی‌داند، بلکه معتقد است وکیل باید در ادبیات، هنر، جامعه‌شناسی، مدیریت و روان‌شناسی دستی بر آتش داشته

1. Doctor of Business Administration (DBA)

باشد. هر پرونده برای مصطفی دنیایی از مسائل اجتماعی، اخلاقی و روانشناسی، و کوله‌باری از تجربه است.

اگرچه مصطفی عاشق وکالت است و اگر سر و تهش را بزنی باز هم یک وکیل می‌ماند، معلمی برایش چیز دیگری است. معلمی رسالت وجودی مصطفی است. او یاد دادن را بهترین شیوهٔ یاد گرفتن می‌داند. مصطفی در طی ۱۲ سال تدریس، صدها دانشجوی حقوقی و بانکی داشته است که حالا نکته‌های حقوقی برایشان مثل راحت‌الحلقوم است؛ بس که معلمشان کارش را بلد بوده است! او حالا با گذراندن دورهٔ حرفه‌ای تربیت مدرس شکوفایی فردی و سازمانی در آکادمی ستارهٔ شمال کانادا و اخذ مدرک مورد تأیید فدراسیون بین‌المللی کوچینگ[1]، یک موقعیت آموزشی بی‌نظیر را در یک جعبهٔ نفیس و ارزشمند به ابعاد ۳۴ در ۲۸ در ۱۲ کادوپیچ کرده و به مردم ایران‌زمین، به‌ویژه وکلای محترم، پیشکش کرده است؛ مطالعات ۳۴ ساله در زمینهٔ رشد فردی، تجربیات ارزشمند ۲۸ ساله از دنیای وکالت و اندوخته‌های بی‌نظیر ۱۲ سال تدریس!

همسرش می‌گوید وقتی مصطفی نوشتنش بگیرد، قلم اسیر دست‌ش می‌شود. نوشته‌های مصطفی به همان اندازه که می‌تواند اشکت را دربیاورد، می‌تواند در قالب طنز روده‌بُرت کند، می‌گویی نه؟ بفرما؛ یک خروار بازخورد.[2]

مصطفی در باب چرایی نوشتن، از قول لِس براون[3]، سخنران انگیزشی آمریکایی، می‌گوید: «قبرستان ثروتمندترین جای دنیاست؛ چون در دل

---

1. International Coaching Federation (ICF)
۲. هایلایت «دیدگاه شما» در پیج اینستاگرام به نشانی (mostafaazimi.me)
3. Les Brown

خاکـش کتابهـایی اسـت کـه هیـچگاه نوشـته نشـدهاند. پـس بنویـس، پیـش از آنکـه دیـر شـود.»

پـس از بازبیـنی متـن اولیـهٔ ایـن فصـل از او پرسیدند: «خونـوادهٔ دوسـت مرحومتـون رضایـت دارنـد کـه داسـتان زندگیشـون منتشـر بشـه؟» سـؤالی کـه در عیـن خوشـحالی بهشـدت نگرانـش کـرد. خوشـحال از اینکـه قصـه کامـلاً جـا افتـاده اسـت و نگـران از اینکـه نکنـد دیگـر خواننـدگان هـم تصـور کننـد کـه قصـه واقعـی اسـت.

هنـر او ایـن اسـت کـه جدیـت را بـا شـوخطبعی جمـع کـرده اسـت و هنـر تـو ایـن اسـت کـه بفهـمی او کـی جـدی اسـت و کـی شـوخی میکنـد!

به سراغش تو اگر میآیی، نرم و آهسته کلیک کن اینجا...!

https://thecartino.ir/c/7215352

قدرت تغییرات کوچک، مستمر و پایدار

موجی درونی که با کوچک‌ترین قطره آغاز می‌شـود؛ در مسیر شکوفایی پایدار!

مریم کای کبیر

قدرت تغییرات کوچک، مستمر و پایدار

موجی درونی که با کوچک‌ترین قطره آغاز می‌شود؛ در مسیر شکوفایی پایدار!

مریم کای کبیر

نویسنده، کوچ بازآفرینی، روان‌شناس و پژوهشگر

بیایید تا با پاسخ به **سؤال‌های** زیر این فصل را با هم آغاز کنیم:

۱. اگر هیچ **تغییری** در زندگی‌ات رخ ندهد، پنج سال بعد چه چیزهایی را ممکن است از دست داده باشی؟

۲. و اگر تنها یک **تغییر** کوچک، هرچند ناچیز، را از همین امروز شروع کنی، پنج سال دیگر کجا ایستاده‌ای؟

نیروی آرام درون

در دنیای امروز که پر از بحران، عدم قطعیت و شتاب‌زدگی است، انگار همه‌چیز فریاد می‌زند: «سریع‌تر! بیشتر! مؤثرتر!».

ما گاهی این فریاد را درونی می‌کنیم و بی‌وقفه می‌دویم؛ نه لزوماً به‌سوی رؤیاها، بلکه گاه از ترس جا ماندن، یا ناتوانی از کنترل اوضاع.

در این میان شاید لازم باشد بایستیم و از خود بپرسیم: «آیا این‌همه سرعت واقعاً ما را به مقصد می‌رساند یا قدرت واقعی در چیزی پنهان است که ساده، آرام و شاید نادیدنی باشد؟»

برای من مسیر تغییر زمانی معنا یافت که متوجه شدم اغلب واکنش‌های فوری‌ام، از دل اضطراب می‌آیند.

وقتی احساس خطر می‌کنم، به سراغ اولین کاری می‌روم که بلدم، نه

لزوماً مؤثرترین یا آگاهانه‌ترین! و اگر آن راه جواب ندهد، خودتخریبی آغاز می‌شود:

«دیدی نتونستی؟»

«باز هم شکست خوردی!»

«همینه دیگه، تو هیچ‌وقت تغییر نمی‌کنی!»

اما آنچه در کوچینگ، در علم و در زندگی واقعی بارها دیده‌ام، این است: تغییر اگر با قطره‌ها آغاز شود، ماندگارتر است. قدرت اگر از مسیر پیوستگی بیاید و نه از یک انتخاب هیجانی، ریشه‌دارتر است.[1]

این فصل دربارهٔ همین قدرت است. قدرتی که ممکن است در نگاه اول «بی‌اهمیت» به نظر برسد، اما وقتی با آگاهی، تکرار، شفقت و زمان همراه شود، می‌تواند زندگی ما را از ریشه، دوباره بسازد. اینجا معجزه‌ای در کار نیست؛ اینجا از لبخندهایی حرف می‌زنیم که با خود واقعی ما هماهنگ‌اند. مستندات علمی را می‌خوانیم، از عادت‌های کوچکی که بی‌صدا ولی مؤثر، ما را از فرسودگی به شکوفایی می‌برند. این چیزی نیست به‌جز تجربهٔ زیستهٔ من و تو! این فصل یک دعوت است؛ دعوتی برای بازگشت به ریشه، به درون، به قطره‌هایی که شاید فراموششان کرده‌ای اما هنوز آنجا هستند و منتظرند با تو دوباره جاری شوند.

و اما تو!

√ آیا تابه‌حال برای لحظه‌ای ایستاده‌ای تا ببینی کدام عادت کوچک، بی‌سروصدا، زندگی امروزت را ساخته است؟

1. Doidge, N. (2007). *The Brain That Changes Itself*. Viking Press.

راز منطق نهفته در تغییرات کوچک

در دنیـایی کـه تغییـرات سـریع و نتایـج آنی به‌عنوان موفقیـت شـناخته می‌شـوند، مـا اغلـب قـدرت تأثیـر تدریجـی را نادیـده می‌گیریـم. امـا اگـر بـه طبیعـت نـگاه کنیـم واقعیت متفاوتـی را می‌بینیـم:

- قطره‌هـای آب بـا صبـر و تکـرار می‌تواننـد سـنگ را بشـکافند. نـه بـا زور، نـه بـا سـرعت، بلکـه بـا اسـتمرار و پایـداری.

- کشـتی وقتـی تنهـا یـک درجـه تغییـر جهـت دهـد، اگـر حرکتـش را ادامـه دهـد، پـس از چنـد مـاه می‌توانـد در قاره‌ای کامـلاً متفاوت پهلـو بگیـرد.

- ایـن منطـق، پایـهٔ فلسفـهٔ تغییـرات کوچـک اسـت و تغییـرات کوچـکِ آگاهانـه اسـت کـه می‌توانـد مـا را بـه خـود واقعی‌مـان برسـاند.

مدل سه‌مرحله‌ای تغییرات کوچک

در مسیر کوچینـگ و مشاهدهٔ صدهـا تجربهٔ واقعـی، الگویی شـکل گرفته کـه در مـدل **فلورنتیـا**[1] نیـز منعکس شـده اسـت:

۱. مکث[2]: جایی برای ایستادن، شنیدن درون و مشاهدهٔ تکرارها.

۲. انتخاب خردمندانه[3]: انتخاب یک گام کوچک که ریشه در آگاهی دارد.

۳. پیوسـتگی و پـاداش درونی[4]: زمـانی کـه تغییـر کوچـک تکرار شـود و به‌مـرور لذت‌هـای درونـی (مثـل احسـاس توانمنـدی یـا رضایـت)

---

۱ Florynthia (فلورنتیا) یعنی شکوفایی، با ریتم زندگی، در مسیر قطره‌ها!
2. Pause
3. Conscious Choice
4. Consistency and Inner Reward

را بـه همـراه آورد، بـه بخشـی از هویـت فـرد تبدیـل می‌شـود.

ایـن سـه مرحلـه به‌ظاهـر سـاده‌اند، امـا در بطـن خـود زیرسـاختی بـرای تاب‌آوری رفتـاری، بازسـازی درونـی و شـکوفایی پایـدار می‌سـازند.

مفهوم تاب‌آوری در دل تغییرات کوچک

تاب‌آوری یعنی «برخاستن پس از افتادن»، اما با تغییری در چشم‌انداز.

در تغییـرات کوچـک، مـا بارهـا عقـب می‌رویـم، خسـته می‌شـویم، فرامـوش می‌کنیـم... امـا چـون ایـن تغییرهـا بـزرگ و سـنگین نیسـتند، فضـا بـرای بازگشـت و از سـر گرفتنشـان همیشـه بـاز اسـت.

درواقـع، تـاب‌آوری در ایـن مسـیر نه‌تنهـا اجبـار نیسـت، بلکـه به‌صـورت طبیعـی، بـا هـر تـلاش کوچـک سـاخته می‌شـود.[1]

«تغییر واقعی نه فریاد می‌زند، نه می‌دود. آهسته می‌بارد، قطره‌قطره... و روزی بیدار می‌شوی و می‌بینی زمینت دیگر خشک نیست.» کای کبیر

و اما تو!

√ به یک موقعیت چالش‌برانگیز در روزهای اخیر فکر کن.

√ سه رفتاری را که تکرار می‌کنی و به نتیجه نمی‌رسی، یادداشت کن.

√ حالا یک گام بسیار کوچک تعریف کن که با آن رفتار متفاوت است (مثلاً اگر همیشه سکوت می‌کنی، یک جمله بگو. اگر همیشه واکنش نشان می‌دهی، یک بار فقط مکث کن).

√ ایـن تغییـر کوچـک را فقـط سـه روز انجـام بـده و نتیجه‌اش را بنویس.

---

1. Bonanno, G. A. (2004). Loss, trauma, and human resilience. *American Psychologist, 59*(1), 20–28.

علم چه می‌گوید؟

علم عصب‌شناسی[1] و روان‌شناسی رفتاری[2] سال‌هاست که تأیید کرده است تغییرات کوچک به‌دلیل اثر تدریجی و پایدارشان، بیشتر در مغز ماندگار می‌شوند.[3]

وقتی شما تصمیمی می‌گیرید که کوچک، قابل انجام، و همراه با پاداش درونی است، سیستم لیمبیک مغز[4] (مرکز احساسات، انگیزش و بقا) آن را به‌عنوان «قابل تکرار و امن» ذخیره می‌کند. مغز ما از طریق مفهومی به نام انعطاف‌پذیری عصبی[5] دائماً خود را بازسازی می‌کند. هر فکر، هر تصمیم و هر عمل، درواقع ردی از نورون‌ها در مغز به جا می‌گذارد.[6]

وقتی این مسیر بارها تکرار می‌شود، شبکه‌ای شکل می‌گیرد که رفتار جدید را «آسان‌تر» و «خودکارتر» می‌کند.

مثلاً کسی که هر روز فقط ۲ دقیقه در سکوت می‌نشیند، پس از چند هفته، دیگر نیاز به یادآوری ندارد. مغز او این رفتار را بخشی از سیستم بقا می‌داند، چون آرامش و وضوح بیشتری ایجاد می‌کند.[7]

---

1. Neuroscience
2. Behavioral Psychology
3. Doidge, N. (2007). *The brain that changes itself: Stories of personal triumph from the frontiers of brain science.* Viking.
4. Limbic system
5. Neuroplasticity
6. Schwartz, J. M; Begley, S. (2002). *The mind and the brain: Neuroplasticity and the power of mental force.* Harper Perennial.
7. Rock, D. (2009). *Your brain at work: Strategies for overcoming distraction, regaining focus, and working smarter all day long.* HarperBusiness.

نظریهٔ دوپامین و لذت درونی

در سال ۲۰۱۵، پژوهشگر علوم اعصاب، دکتر شولتز[۱] در مقاله‌اش نشان داد که وقتی افراد تغییرات کوچک را با پاداش‌های «درونی» مثل رضایت، کنترل شخصی یا احساس پیشرفت همراه می‌کنند، ترشح دوپامین[۲] در مغز افزایش می‌یابد و این دوپامین، خود تبدیل به «انگیزهٔ طبیعی» برای ادامهٔ مسیر می‌شود.[۳]

نظریهٔ امید

امید، ابزاری بی‌نظیر برای تغییر است. چارلز اشنایدر[۴]، روان‌شناس برجسته، در نظریهٔ امید[5] سه مؤلفهٔ کلیدی را مطرح کرد:

۱. هدف[۶]: چیزی که برایش ارزش قائلیم

۲. راه[۷]: مسیرهای ممکن برای رسیدن به آن

۳. انگیزش[۸]: باور به توانایی برای حرکت در آن مسیر

تغییرات کوچک، به‌طور طبیعی، این سه را فعال می‌کنند. وقتی هدف شفاف ولی کوچک است، مسیر روشن و تکرارپذیر است و باور به توانایی رشد می‌یابد.

---

1. Schultz
2. Dopamine
3. Schultz, W. (2015). Neuronal reward and decision signals: From theories to data. *Physiological Reviews,* 95(3), 853–951.
4. Charles Snyder
5. Snyder, C. R. (2002). Hope theory: Rainbows in the mind. *Psychological Inquiry,* 13(4), 249–275.
6. Goal
7. Pathways
8. Agency

و اما تو!

☑ یکــی از رفتارهایــی را کــه مدت‌هاست می‌خواهــی تغییــر بدهی انتخاب کــن.

☑ آن را بــه یک گام کوچک و ملمــوس کاهش بده (مثـلاً به‌جای گفتــن «هر روز ورزش»، بگـو: «روزانه فقط یک حرکت کششـی»).

☑ بعد از انجـام آن دقیقـاً بنویـس کـه چه حسـی داشتی. آیا احسـاس رضایـت یا کنترل داشـتی؟

☑ ایـن حـس را روزانه پیگیری کـن؛ ببین چگونه دوپامیـن درونـی‌ات کم‌کـم نقش مربـی را برایت بـازی می‌کند.

داستان‌هایی از تغییرات کوچک در تجربهٔ زندگی واقعی

• فقط یک سؤال ساده

ســارا زنی ۳۶ ســاله بــود، بـا سـابقهٔ طـولانی در تصمیم‌هـای نیمه‌کاره. جلســهٔ اول کوچینـگ سـکوتی طـولانی کـرد. بعد آهـی کشیـد و گفت: «مـن همیشـه منتظرم یـه اتفـاق بـزرگ بیفتـه تـا بتونـم عـوض شـم، ولی همیشـه هـم جـا می‌مونـم.»

فقـط یـک سؤال سـاده از او پرسیـدم: «اگـه فقـط ده دقیقـه در روز مـال خـودت باشـه، باهـاش چی‌کـار می‌کنی؟»

از آن روز، روزی ده دقیقه نوشـت. نـه رمـان و نـه شـعر؛ فقـط فکرهـای درهمـش را نوشت. بعد از سـه هفته گفت: «بـرای اولیـن بـاره کـه حـس می‌کنـم دارم خـودم رو می‌فهمـم!» سـارا بعدهـا گفت: «اون ده دقیقـه شـد دروازه‌ای رو بـه اعتمادبه‌نفس گمشده‌ام!» حـالا او روزی نیم سـاعت بـرای خـودش وقت دارد؛ نـه از سـر وظیفـه، بلکـه از سـر عشـق!

• ردپای تردید

امیـر مدیـر یـک اسـتارتاپ[1] بـود؛ در ظاهـر موفـق، ولی درونـش فرسـوده از فشـار تصمیم‌هـا. می‌گفـت: «مـن بـا اینکـه نتیجه‌هـا رو می‌گیـرم، ولی هیـچ لـذتی نمی‌بـرم. انـگار دارم زندگـی رو فقـط تیـک می‌زنـم!»

جلسـاتی کـه بـا او داشـتم شـبیه بازی شـطرنج بود؛ هر کلمه‌اش حساب‌شـده، ولی بی‌روح! پیشـنهاد دادم هـر روز فقـط ۵ دقیقـه بـدون هـدف در طبیعـت قـدم بزنـد. اولـش خندیـد و گفـت: «یعنـی می‌خـوای مـن وقتمـو هـدر بـدم؟» ولی ایـن کار را انجـام داد.

در جلسـهٔ پنجـم، بـا حالتـی کـه انـگار تـازه بیـدار شـده اسـت، گفـت: «مـن دیگـه هـر روز دارم پیاده‌روی می‌کنـم. مهم‌تـر اینکـه فهمیـده‌ام فشـارهای کاری همچنـان سـر جـای خودشـه و اون قـدم زدن‌هـا باعـث شـده کـه ذهنـم نفـس بکشـه. الان حالـم خیلـی بهتـره.»

• گل‌هایی که او را نجات دادند

آقـای نـوری بازنشسـته بـود. بعد از فوت همسـرش، با دلی سـنگین از تنهایـی، در خانـه‌ای زندگـی می‌کـرد کـه در آن جـز سـکوت چیـزی نبـود. در جلسـهٔ کوچینـگ گفـت: «فکر نمی‌کنـم دیگـه چیـزی تغییـر کنه.»

بـه او گفتـم: «فقـط پنج دقیقـه برویـد تـوی باغچـه. نه بـرای عـوض کردن دنیـا، فقـط بـرای دیـدن گل‌ها.»

بعد از چند هفته با صدایی آرام ولی عمیق گفت: «من فکر می‌کردم دارم از گل‌هـا مراقبت می‌کنم، اما واقعیت اینه که گل‌ها بودند که از من مراقبت می‌کردند.» او حالا، هر روز نیم سـاعت در باغچه‌اش کار می‌کند، با نوه‌اش گل می‌کارد و هر بار، از پنجرهٔ خانه‌اش به زندگی سلام می‌کند!

---

1. Startup

• نقطه‌ای که در آن همه‌چیز باید تمام می‌شد، اما آغاز شد!

و در روایت زندگی مـن، وقتی ۲۸ سالم بود، بدنم ناگهان از من برید. راه رفتن ساده‌ترین حرکت است، اما برای من مثل فتح قله‌ای دور از دسترس شده بود. دکترها با لحنی کـه سعی می‌کردند همدلی کننـد گفتند: «ممکنه هیچ‌وقت نتونی مثل قبل راه بری!»

و مـن در روزهایی کـه دست‌ها و پاهایم توان همـراهی نداشتند، ذهنم پُـر بـود از سـؤال‌های تلـخ: «چـرا مـن...؟»، «حـالا چی...؟»، «آیا واقعاً همه‌چیـز تمـوم شـده...؟»

اما یک روز صبح خیلی زود، وسط سکوت بامداد، با تمام درد جسمی‌ای کـه داشتم، جملـه‌ای در ذهنم نشست: «اگـه فقط یک حرکت کوچک بتونه تو رو از این درد و سیاهی بیرون بکشه، حاضری انجامـش بدی؟»

جوابم مثبت بود: «بله...!»

آن روز، بـدون هیاهـو، فقط انگشت پـای راستم را حرکت دادم. چیزی در درونم لرزیـد! این بار درد نبود؛ امید بـود!

از آن لحظه هـر روز، یک قطرۀ جدید به حرکت دادنم اضافه شد. گویی جهان هـم بـه یـاری‌ام آمد: پزشکی[1] از جنس نـور در مسیرم قرار گرفت و قـدم بـه قدم و آرام‌آرام بلند شدم! نه فقط روی پاهای فیزیکی‌ام، بلکه روی زمینی تازه که اسمـش را گذاشتـم «بازسازی خویشتن».

امـروز اگر می‌توانـم این فصـل را بنویسـم، نـه به‌خاطر این است کـه قـوی شده‌ام، بلکه چـون یـاد گرفته‌ام با کوچک‌تریـن حرکت می‌توانیـم امیـد را متبلـور کنیم.

---

1. Dr. Shahriyar Vaziritabar

«وقـتی هیچ‌چیـز حرکـت نمی‌کنـد، اگـر تنهـا یـک سـلولت بلرزد، همـان نقطـهٔ آغاز زنـدگی دوبـاره اسـت.» کای کبیر

و اما تو!

√ کدام داسـتان به تو نزدیک‌تر است؟ سارا، امیر، آقای نوری، یا من؟

√ کدام بخش از زندگی‌ات نیاز به همان تغییر کوچک دارد؟

√ همیـن امـروز فقط ۵ دقیقـه وقت بگـذار و با آن قسـمت تنها بـاش. سـکوتش را بشـنو؛ شـاید بگویـد از کجا بایـد شـروع کنی. شـاید فقـط بایـد یـک انگشـت تصمیـم را حرکـت بدهـی، یـا یـک قـدم کوچـک، یـک تمـاس، یـک لبخنـد، یـک جمله بـه خودت.

«تغییرات کوچک در ابتدا فقط خاک را لمس می‌کنند، اما اگر استمرار داشته باشند، روزی ریشه می‌زنند در جان آدمی.» کای کبیر

بازخوانی از تاریخ و دنیای امروز

گاهـی نـگاه بـه گذشـته می‌توانـد چـراغ راه آینـده باشـد. در دل تاریخ بارهـا دیده‌ایـم کـه تغییرات کوچـک، سرنوشـت ملت‌هـا و جریان‌هـا را رقـم زده‌اند:

• راهپیمایـی نمـک[1] در سـال ۱۹۳۰ رخ داد؛ گانـدی بـه نشـانهٔ اعتـراض بـه مالیـات بریتانیـا بـر نمـک، ۳۸۰ کیلومتـر را پیـاده، بـا گام‌هـای آهسـته، طـی کـرد. ایـن راهپیمایـی هزاران‌نفـره شـد و اگرچـه در ظاهـر فقـط بـرای اسـتخراج نمـک از دریـا بـود، امـا در عمـل سـنگ‌بنای اسـتقلال هنـد شـد.[2]

• مارتیـن لوترکینـگ[3] در سـال ۱۹۶۳ بـا سـخنرانی معـروف

---

1. Salt March
2. Gandhi, M. K. (1993). *The essential Gandhi*. Vintage Books.
3. Martin Luther King

«مــن رؤیایــی دارم» در راهپیمایــی صلح‌آمیــز واشــنگتن، صــدای میلیون‌هــا انســان شــد. او بــا گام‌هــای آرام امــا اســتوار، بــدون خشــونت و بــا تکیــه بــر گفت‌وگو و ایمــان، موجــی از آگاهــی ســاخت کــه بــه تصویــب قوانیــن مهــم حقــوق مدنــی در آمریــکا منجــر شــد.[1]

- ســقراط، فیلســوف قــرن پنجــم پیــش از میــلاد، هیچ‌گاه کتابــی ننوشــت. او بــا پرســش‌های ســاده و پیوســته در خیابان‌هــای آتــن ذهن‌هــا را بیــدار می‌کــرد، و این‌چنیــن الهام‌بخــش فلســفهٔ گفت‌وگومحــور شــد و قرن‌هــا بعــد، پایــهٔ تفکــر انتقــادی مــدرن را بنــا نهــاد.[2]

- فلورانــس نایتینــگل[3] در قــرن نوزدهــم، شب‌هــا فقــط بــا نــور چــراغ از ســربازان مجــروح جنــگ کریمــه[4] مراقبت می‌کــرد. او بــا گام‌هــای کوچــک امــا پیوســته، از تمیــز نگه داشــتن تخت‌هــا گرفتــه تــا ثبــت داده‌هــای بهداشــتی، نشــان داد کــه دلســوزی و نظــم می‌توانــد مرزهــای پزشــکی را جابه‌جــا کنــد. نایتینــگل پایه‌گــذار پرســتاری مــدرن شــد؛ نــه بــا انقــلاب، بلکــه بــا تغییــرات جزئــی، اســتمرار و دیدگاهــی انســانی.[5]

در همهٔ این موارد، شروع کوچک بود، اما ادامه بزرگ و ماندگار.

---

1. King, M. L., Jr. (1963). I have a dream [Speech transcript]. American Rhetoric.
2. Plato. (1997). *Apology*.
3. Florence Nightingale
4. Crimean War
5. Nightingale, F. (1859). *Notes on nursing: What it is and what it is not.*

در دنیای امروز نیز...

• **جیمز کلیر**[1]، پژوهشگر حوزهٔ عادت‌سازی و نویسندهٔ کتاب **عادت‌های اتمی**[2]، از تجربهٔ شخصی بازسازی بدن پس از تصادف شروع کرد و به‌جای ناامیدی، زندگی‌اش را با عادت‌های بسیار کوچک، با تغییرات ۱٪ در هر روز، بازسازی کرد. حالا میلیون‌ها نفر با الهام گرفتن از این کتاب و عادت‌های کوچک، مسیر زندگی‌شان را تغییر داده‌اند.

• **مل رابینز**[3]، مجری تلویزیون و وکیل، با قانون ۵ ثانیه زندگی خودش را نجات داد و توانست برای قطع عادت‌های قدیمی با قانون شمارش معکوس ۵-۴-۳-۲-۱ به میلیون‌ها نفر کمک کند تا بتوانند رفتاری نو را قبل از بهانه‌تراشی ذهنی خلق و جایگزین کنند.[4]

• **برنه براون**[5]، استاد دانشگاه هیوستون، در سال ۲۰۱۰ فقط با یک تحقیق در مورد آسیب‌پذیری، خجالت و شجاعت، جنبشی جهانی در راستای پذیرفتن ترس‌های خود و صداقت در برابر جمع به پا کرد.[6]

و اما تو!

√ یکی از شخصیت‌های بالا را انتخاب کن و دربارهٔ مسیر اولیه‌اش تحقیق کن.

√ بعد، از خودت بپرس: «الان اولین قدم کوچک من چیست؟»

√ آن را همین امروز انجام بده؛ برای ساختن آینده‌ای که با تو آغاز می‌شود.

---

1. James Clear
2. *Atomic Habits*
3. Mel Robbins
4. Robbins, M. (2017). *The 5 Second Rule*. Savio Republic.
5. Brené Brown
6. Brown, B. (2012). *Daring Greatly*. Gotham Books.

«تاریخ را آنهایی ساختند که در لحظهٔ بیداری، یک قدم برداشتند.»
کای کبیر

دعوت به تغییر، قطرهبهقطره

با خـودت فکـر کـن! اگـر میدانسـتی تغییـرات کوچـک نهتنهـا تـو را نجـات میدهنـد، بلکـه جهـان اطرافـت را هـم شـکوفا میکننـد، آیـا بـاز هـم بـه دنبـال تحـولات بـزرگ و ناگهـانی میرفتـی؟

در ایـن فصـل دیدیـم کـه تغییـر بـزرگ همیشـه بـا اتفـاق بـزرگ آغـاز نمیشـود. گاهـی بـا فقـط یـک حرکـت کوچـک، مثـل لـرزش نـوک یـک بـرگ، رونـدی آغـاز میشـود کـه ریشـههای زنـدگی را تـکان میدهـد.

تغییـرات کوچـک ایـن امـکان را میدهنـد کـه درونمـان، باورهایمـان، الگوهـای قدیمیمـان و حـتی سـلولهای عصبیمـان فرصـت کننـد تـا خـود را بـا مسـیر جدیـد هماهنـگ کننـد.

در دل تغییـرات کوچـک، تـابآوری نهفتـه اسـت؛ نـه فقـط تحمـل سـختی، بلکـه تـوان ادامـه دادن بـا عشـق.[1]

همچنیـن بـه سـراغ مغـز و نورونهـای عصبـی رفتیـم و بـه نظریههـای امیـد، دوپامیـن، داسـتانهای زنـدگی، مـدل سـهمرحلهای تغییـرات کوچـک و داسـتانهای گذشـته و امـروز پرداختیـم. فهمیدیـم کـه اگـر بخواهیـم هر روز میتوانیـم فقـط بـا یـک قـدم، بازیکـن زندگیمـان باشـیم.

ایـن بار دیگر میتوانیم شروعی آگاهانه داشته باشیم؛ با «یـک سـؤال، یک انتخاب، یـک مکث»، اسـتمرار داشـته باشـیم و انعطافپذیر باشـیم؛ بـا «پذیرش

---

1. Duckworth, A. (2016). *Grit: The power of passion and perseverance*. Scribner.

نوسان‌ها، خطاها، افت‌وخیزها»، تا به سرزمین شکوفایی پایدار برسیم.

پیام فلورنتیایی کای کبیر:

«جهــان نامطمئـن اسـت، اما تـو می‌توانی نقطـۀ اطمینانی بـاشی؛ با یـک لبخنـد، یک توجـه، یک تصمیـم کوچک.»

قدرت تغییرات کوچک، مستمر و پایدار

موجی درونی که با کوچک‌ترین‌قطره آغاز می‌شود؛ در مسیر شکوفایی پایدار!

دربارۀ نویسنده

مریـــم کبیـــر، بـا نـام حرفـه‌ای «کای کبیـر»، نویسـنده، کـوچ بازآفریـنی، روان‌شـناس و پژوهشـگر اسـت کـه بیـش از سـه دهـه بـا تمرکـز بـر شـکوفایی فـردی و قـدرت تغییـرات کوچـک، الهام‌بخـش انسـان‌های دیگـر در مسـیر بازآفریـنی زندگی‌شـان شـده اسـت. او خالـق فلسـفۀ «تغییـرات کوچـک بـا مـدل فلورنتیـا» اسـت.

مریـم در رشـته‌های جامعه‌شـناسی، برندینـگ، کارآفریـنی، روان‌شـناسی و مدیریـت کسـب‌وکار تحصیـل کـرده و توانسـته اسـت میـان دانـش روز، بینـش درونـی و تجربـۀ زیسـته، پلـی زنـده و الهام‌بخـش بسـازد.

تجربـۀ سـخت بیماری‌اش در عنفـوان جـوانی، تبدیـل بـه نقطـۀ عزیمـت

تازه‌ای شد؛ آغاز راهی با جملاتی ساده و قدم‌هایی کوچک که بعدها موجب خلق مدل کوچینگ فلورنتیا و قدرت تغییرات کوچک شد.

بخش مهمی از تجربیات زندگی کای کبیر در جوانی، در صنعت ساعت‌سازی بود. او در این حوزه با تربیت نیروی متخصص زن، نقشی اثرگذار در توانمندسازی دختران جوان ایفا کرد. این تجربهٔ کارآفرینانه، بنیانی شد برای درک عمیق‌تر او از حرکت، نظم، زمان و ارزش اجزای کوچک؛ مفاهیمی که بعدها در نوشته‌ها و آموزش‌هایش بازتاب یافتند.

کای کبیر معتقد است که هر فردی با تکرارهای کوچک و آگاهانه، می‌تواند به هدف وجودی خود نزدیک شود.

کتاب‌ها و دوره‌های مرتبط با کسب‌وکارش نیز از تلفیق اقتدار زنانهٔ انعطاف‌پذیر و خلاقیت‌محور و اقتدار مردانهٔ هدف‌گذار و استراتژی‌محور حرف می‌زنند.

او بعد از مهاجرت به کانادا، فعالیت خود را به‌عنوان کوچ شکوفایی و بازآفرینی برای سازمان‌ها و افرادی که احساس کرده‌اند نیاز به یک شروع جدید دارند، ادامه داده است.

نوشته‌ها و دوره‌های آموزشی او با اتکا بر درک قدرت تغییرات کوچک، که ترکیبی از روایت‌های شخصی، تحلیل‌های روان‌شناختی و تمرین‌های کوچینگی هستند، مخاطب را به تأمل، حرکت و بازآفرینی دعوت می‌کند؛ برای ساختن روتین‌های جدید و دستیابی به هدف‌های بلندمدت!

«لازم نیست همه‌چیز را تغییر بدهی. هر روز فقط یک قدم بردار و معجزه را تماشا کن.» کای کبیر

این فصل را با تمام وجود به پسر عزیزم تقدیم می‌کنم. کسی که با حضورش دنیای «بالغ شدن» را به من هدیه کرد.

شما می‌توانید سایر آثار او را از طریق سایت www.kaikabirco.com یا سایت آمازون تهیه نمایید.

راه‌های ارتباط با نویسنده:

kaikabircoach

kaikabircoach

kaikabircoach

kaikabircoach

درخشش در دلِ تاریکی

حرکت در مسیری مه‌آلود،
وقتی فقط نورِ درونت
راه را روشن می‌کند

محمد مهری

درخشش در دلِ تاریکی

حرکـت در مسیـری مه‌آلـود، وقـتی فقـط نـورِ درونـت راه را روشـــن می‌کند

محمد مهری

مهندس پرواز، کوچ شفافیت ذهنی

مثل یک رنگین‌کمان

سال‌ها از آن دوران می‌گذرد و تنها خاطراتی زیبا و فراموش‌نشدنی باقی مانده است. یادم می‌آید در یک روز آفتابی، داخل یک پارک بزرگ، نسیم ملایمی در حال وزیدن بود. سایهٔ درختان بلند، مانند چتری محافظ، از دستفروشی که داخل پارک روی زمین نشسته بود محافظت می‌کرد و این یک نعمت طبیعی بود. دستفروش عبور مردم را از داخل پارک تماشا می‌کرد؛ افرادی که با عجله در حال رفتن به سمتی بودند. هرکدام از آن‌ها داستان خودشان را داشتند؛ احتمالاً صاحب شغلی بودند و در ذهنشان تصور می‌کردند چه مسیری را در زندگی طی کرده‌اند تا به امروزِ خودشان برسند. آیا در جایگاه ایده‌آل خود بودند؟ آیا از شغل خود راضی بودند؟

در این فکر بودم که صدای بازی کودکان توجهم را جلب کرد. آن‌ها اجازه داشتند بدون پرداخت پول با فرفره‌های من بازی کنند؛ به شرط آسیب ندیدن آن‌ها. این قراری بود بین من و بچه‌های دستفروش‌های نزدیک من. هر زمان که باد می‌وزید، فرفره‌ها شروع به چرخیدن می‌کردند و تصویر فوق‌العاده‌ای، مثل یک رنگین‌کمان، ایجاد می‌شد.

بلـه، مـن فرفره‌فـروشِ داخـل پـارک بـودم. بعـد از یـک ورشکسـتگی بزرگ، ایـن تنهـا کاری بـود که می‌توانسـتم انجـام بدهم تـا هزینه‌های دانشـگاهم را

تأمیـن کنـم. اوایـل خیلـی برایـم سـخت بـود، ولـی کم‌کم به یـک تجربهٔ خیلـی لذت‌بخـش تبدیـل شـد. ایـن اولیـن تجربهٔ فروش مسـتقیم مـن بود.

بااین‌حال، ایـن سـؤال دائمـاً در ذهـن مـن بـود و توانایـی فرامـوش کـردن آن را نداشتم و البتـه، جوابـی هـم برایش نداشـتم: «مـن بـرای انجـام چـه کاری بـه ایـن جهـان آمده‌ام؟»

ایـن قسـمتی از خاطـرات مـن بـود؛ تکـه‌ای از وجـودم. و حـالا، مـن یـک کوچ[1]، نویسـنده و همچنیـن یـک مهنـدس پـرواز هسـتم. مـن همیشـه بـه دنبـال یافتـن مسـیر خـودم در زنـدگی بـودم و از راه‌هـای مختلفـی اسـتفاده کـردم بـرای یافتـن اینکـه مسـیر درسـت مـن در زنـدگی چیسـت. مـدت زیـادی در زندگی‌ام احسـاس می‌کـردم در یـک مسـیر مه‌آلـود در حـال حرکـت هسـتم و توانایـی دیـدن مقصـد را نداشـتم، ولـی گاهـی داشـتن حداقـل یـک سـؤال قدرتمنـد می‌توانـد یـک نـور کوچـک باشـد بـرای برداشـتن قدم‌هـای بعـدی. و ایـن سـؤالی بـود کـه در تمـام طـول مسـیر بـا مـن بـود: «مـن بـرای انجـام چـه کاری بـه ایـن جهـان آمده‌ام؟»

حـالا کـه بـه گذشـته نـگاه می‌کنـم، می‌بینـم مسـیری کـه تـا حـالا طـی کـرده‌ام، نسـبت بـه مسـیری کـه در پیـش رو دارم، برایـم خیلـی هیجان‌انگیزتـر اسـت. مـن همیشـه فکـر می‌کـردم بایـد مقصـد نهایـی برایـم کامـلاً روشـن و آشـکار باشـد و فقـط بایـد تمـام سـعی خـودم را بکنـم تـا بـه آن هـدف برسـم. خیلـی زمـان بـرد تـا درک کنـم لـذت واقعـی زندگـی، در مسـیری اسـت کـه پیمـوده می‌شـود؛ بـا تمـام تلخی‌هـا، خاطـرات و تمـام چالش‌هـا. در مسـیر، سـؤالات، ابهام‌هـا و ترس‌هـای زیـادی وجـود دارد:

«آیا مسیر من درست است؟»

---

1. Coach

«اگر اشتباه کنم چه؟»

«نکند دوباره برگردم و از صفر شروع کنم؟»

اصلاً نمی‌توانستم درک کنم که بسیاری از اتفاقات چرا رخ داده‌اند. گاهی این مسیر مه‌آلود خیلی طولانی می‌شود و تنها نشانه‌های خاصی هستند که می‌توانند مانند شمعی در دل تاریکیِ یک اتاق، درخششِ اطمینانِ قلبی از درستی مسیر را برای ما ایجاد کنند؛ نشانه‌هایی که می‌توانند جوانه‌های امید به آینده را در دل ما زنده نگه دارند...

شنیدن نجوای عشق، وقتی که ترس فریاد می‌کشد

روزهای اولی که در پارک بودم، هیچ فروشی نداشتم. مردم فقط عبور می‌کردند و هیچ‌کس توجهی به من نمی‌کرد. البته من هم نگاهم را از آن‌ها می‌دزدیدم. من بسیار درون‌گرا بودم و حتی می‌ترسیدم کسی به سمت من بیاید و از من قیمت بپرسد. مقولهٔ فروش همیشه برای من ترسناک بود. اینکه از دیگران بخواهم تا به من پول پرداخت کنند برایم خیلی سخت بود.

چندین بار سعی کردم با کارهای مختلف توجه مردم را به خودم جلب کنم تا بتوانم فروشی داشته باشم؛ مثلاً یک بار چندین فرفره را برداشتم و آن‌ها را در قسمت‌های مختلف پارک به درختان بستم تا در دید عموم قرار بگیرند، که البته با مخالفت نگهبانِ پارک مواجه شدم و کارهای دیگری که همگی با شکست مواجه شدند.

بزرگ‌ترین ترس من فروش نرفتن فرفره‌ها بود و ترس بعدی این بود که اگر به بچه‌های داخل پارک اجازه بدهم با فرفره‌ها بازی کنند، ممکن است به آن‌ها آسیب بزنند و دیگر حتی چیزی برایم

باقی نمانَد که بخواهم بفروشم!

من در اوج ترس و نگرانی، کاری را کردم که احساس خوبی را در وجودم زنده می‌کرد؛ من گوش دادن به نجوای عشق را به شنیدن فریاد ترسِ وجودم ترجیح دادم.

یادم می‌آید اولین فروش من زمانی رخ داد که تصمیم گرفتم به کودکانی که امکان خرید از من را نداشتند اجازه بدهم تا با فرفره‌ها بازی کنند. بعد از آن، همان بچه‌ها مسئول تبلیغات محصول من شدند و بعد، فروشی را تجربه کردم که در خواب هم نمی‌دیدم. آن زمان به یاد جملهٔ مادرم افتادم که همیشه در کودکی به من می‌گفت: «وقتی سدی رو از جلوی پای دیگران برداری، خداوند راه رو برات هموار می‌کنه.»

من لذت بازی کردن با فرفره‌ها را به آن بچه‌ها هدیه دادم و خیلی زود پاداش گرفتم. این قانون من برای بزرگ‌ترین تجربهٔ فروشم در آن سال‌ها بود.

گنجینه‌هایت را با چشمان دیگران آشکار کن

من با دستفروشی در پارک هزینه‌های دانشگاهم را تأمین می‌کردم. کتاب‌های مرجع رشتهٔ تخصصی من در دانشگاه قیمت بالایی داشتند و در کنار آن، باید هزینه‌های شخصی و شهریهٔ دانشگاه را هم پرداخت می‌کردم. اوایل، درک دروس دانشگاه برایم راحت‌تر بود، ولی جلوتر که رفتم کم‌کم درس‌ها سخت شد. البته من مشکل خاصی نداشتم؛ چون استعداد خوبی در یادگیری دارم، ولی خیلی از همکلاسی‌هایم برای درک مطالب به مشکل جدی برخورده بودند.

در آن زمان فکری به ذهنم خطور کرد. چون بیرون از دانشگاه زمان کافی برای مرور درس‌ها نداشتم، تصمیم گرفتم که در زمان‌های استراحت، همان مطالب درسی را به همکلاسی‌هایم آموزش بدهم. از این کار خیلی لذت می‌بردم؛ از اینکه می‌دیدم به‌راحتی می‌توانم مفهوم مطالب را به آن‌ها انتقال بدهم.

یک روز در کافهٔ دانشگاه در حال نوشیدن قهوه بودم که یکی از همکلاسی‌ها پیشم آمد و شروع به صحبت کردیم. او گفت: «تو در آموزش دادن و انتقال مطلب خیلی استعداد داری!» و از من خواهش کرد تا در قبال گرفتن مبلغی از او و چند نفر دیگر، به‌طور خصوصی به آن‌ها آموزش بدهم تا برای امتحانات پایان ترم آماده شوند. هم خوشحال شدم و هم تعجب کردم. به او گفتم: «چرا از خود استاد نمی‌خواین که این کار رو انجام بده؟» چون می‌دانستم که در آن زمان اساتید هم از این مسئله استقبال می‌کردند. گفت: «زمانی که استاد درس می‌ده ما خیلی متوجه نمی‌شیم، ولی وقتی تو برامون توضیح می‌دی خیلی راحت می‌فهمیم.» این بازخورد برای من یک نشانهٔ کلیدی بود؛ چیزی که شاید خودم از درون به آن توجه نمی‌کردم. لذت شنیدن این موضوع برای من ده‌ها برابر بیشتر از لذت دریافت پول از آن‌ها بود.

آنجا بود که متوجه شدم ما خیلی وقت‌ها سرمایه‌هایی در درون خودمان داریم که خود، متوجه آن‌ها نیستیم و بازخورد گرفتن از دیگران می‌تواند خیلی کمک‌کننده باشد. این تبدیل به یکی از بزرگ‌ترین نشانه‌ها برای یافتن مسیر درست در زندگی‌ام شد: صندوقچه‌های گنج درونِ ما، که تنها با چشمان دیگران دیده می‌شوند.

خروج از بُعدِ زمان[1]

فراینــد آمــوزش دادن در دانشــگاه ادامــه پیــدا کــرد و مــن، کــه انســان درون‌گرایــی بــودم، خیلــی زود دوســتان بســیاری پیــدا کــردم. کم‌کــم ارتباطــم بــا ایــن دوســتان بیشــتر شــد و بــه یــک گــروه تبدیــل شــدیم کــه خــارج از مســائل دانشــگاه هــم بــا هــم در ارتبــاط بودیــم و تفریحــات گروهــی داشــتیم. بــرای مــن، کــه دامنـهٔ دوســتان بســیار کمــی داشــتم، ایــن موقعیــت خیلــی لذت‌بخــش بــود و باعــث شــد ارتبــاط نزدیک‌تــری بــا آن‌هــا داشــته باشــم و به‌مــرور، بــا زنــدگی بســیاری از آن‌هــا آشــنا شــدم. وقتــی کــه بــا آن‌هــا صحبــت می‌کــردم، نقــاط طلایــی زیــادی را در وجودشــان می‌دیــدم و پــس از گذشــت زمانــی، متوجــه شــدم کــه خیلــی راحــت می‌توانــم نقــاط قــوت هرکــدام را تشــخیص بدهــم. ایــن خیلــی بــرای مــن هیجان‌انگیــز بــود و بــا اشــتیاق دنبالــش می‌کــردم. هــر بــار کــه بــا فــردی صحبــت می‌کــردم، مهــر تأییــدی بــود بــر اینکــه مــن توانایــی دیــدن اســتعداد و نقــاط قــوت افــراد را دارم. بازخــورد دادن ایــن نقــاط قــوت بــه آن‌هــا، خیلــی زود باعــث شــد تــا صحبــت کــردن مــن در جمــع ایــن افــراد بیشــتر و بیشــتر شــود؛ تاجایی‌کــه وقتــی بــا آن‌هــا شــروع بــه صحبــت می‌کــردم، دیگــر گذشــت زمــان را احســاس نمی‌کــردم. از طرفــی، بعــد از آن هــم بازخــورد خوبــی می‌گرفتــم. بــا اینکــه زمــان زیــادی بــرای آن‌هــا صحبــت می‌کــردم، ایــن کار را بــا هیجــان و اشــتیاق زیــاد انجــام می‌دادم و متوجــه شــدم کــه «کاری کــه آن را بــا هیجــان و اشــتیاقِ زیــاد انجــام می‌دهــی، طــوری کــه متوجــه گذشــت زمــان نمی‌شــوی، نشــانه‌ای اســت از اینکــه آن کار یــکی از گنجینه‌هــای درون توســت.»

---

1. Flow Time

از مار سمّی فرار نکن؛ بغلش کن!

پیـدا کـردن دوسـتان زیـاد در دانشـگاه و ارتبـاط صمیمـی بـا آن‌هـا، و
همچنیـن شـرکت در برنامه‌هـای گـروهی بـا ایـن افـراد، اعتمادبه‌نفس
مـرا خیلـی زیـاد کـرده بـود. مـن همیشـه در ارتبـاط برقـرار کـردن بـا
دیگـران مشـکل داشـتم، ولـی در دانشـگاه، بـا مسائلـی کـه پیـش آمـده
بـود، ناخواسـته در یـک رونـد آشـنایی بـا افـراد قـرار گرفتـه بـودم کـه
خیلـی بـرای مـن کمک‌کننـده بـود.

مـن در یـگ گـروه بـزرگ بـودم و به‌راحتـی بـا اعضـای آن صحبـت می‌کردم.
برایشـان مـورد اعتمـاد بـودم و از آن‌هـا انـرژی خیلـی خوبـی دریافـت می‌کردم.
کم‌کـم بـه انتهـای دورۀ دانشـگاه نزدیـک می‌شـدیم و مـن بـرای پایان‌نامـۀ
خـودم، به‌همـراه یکـی از دوسـتان نزدیکـم، پـروژه‌ای را بـرای سـاخت و ارائه
انتخـاب کـردیم کـه درواقـع شبیه‌سـازی ارتبـاط صوتـی هواپیمـا بـا بـرج
مراقبـت روی یـک فرکانـس خـاص بـود. مـا بـا اضافـه کـردن یـک سیسـتم
جدیـد، امـکان صحبـت هواپیمـا بـا چت نوشـتاری را هـم فراهـم کـرده بودیـم و
ایـن کار بـا مصـرف انـرژی خیلـی پایین‌تـر از شـرایط عـادی انجـام می‌شـد کـه
در شـرایط اضطـراری بـرای خلبـان خیلـی مهـم بود. چـون هنگامـی کـه بـرق
هواپیمـا کامـلاً قطـع می‌شـد، بـه کمـک یـک باتـری کوچـک هـم اسـتفاده از ایـن
سیسـتم امکان‌پذیـر بـود و تـا کیلومترهـا بُـرد مفیـد داشـت.

پـروژۀ اجرایـی مـا خیلـی خـوب در تسـت‌های اولیـه نتیجـه داد و بـه یـک
دانشـگاه دیگـر ارسـال شـد کـه پروژه‌هایـی مشـابه، از تمـام دانشـگاه‌ها، بـه
آنجـا راه یافتـه بودنـد. قـرار شـد کـه مـن بـرای توضیـح فراینـدی کـه انجـام
داده بـودم، بـرای جمـع زیـادی از اسـتادان و دانشـجویان صحبـت کنم. همیـن
جـا بـود کـه تـرس بزرگـی وجـودم را فراگرفت. مـن در جمـع دوسـتانم خیلـی

راحت صحبت می‌کردم، ولی از صحبت کردن در چنین موقعیتی وحشت داشتم. ازطرفی، هم‌تیمی من که با هم پروژه را انجام داده بودیم، به هیچ عنوان حاضر نمی‌شد این کار را انجام بدهد.

درنهایت، به اصرار استاد راهنمایم تصمیم گرفتم که خودم این کار را انجام بدهم. مطمئن بودم که این کار برای من یک افتضاح کامل است و خودم را برای روبه‌رو شدن با هر تمسخری آماده کرده بودم. چاره‌ای نداشتم و باید به نمایندگی از دانشگاه، خودم این کار را انجام می‌دادم.

روز سخنرانی فرارسید. کف دستانم خیس شده بود و زانوهایم می‌لرزیدند. وقتی پشت میکروفون رفتم و نگاهم به حضار افتاد، وحشت تمام وجودم را فراگرفت. برای مدتی کاملاً فراموش کردم که برای چه کاری آنجا حضور پیدا کرده‌ام و دربارهٔ چه موضوعی باید صحبت کنم. من تجربهٔ صحبت کردن در چنین جمعی را نداشتم و این کار خیلی برایم ترسناک بود. چند نفس عمیق کشیدم و کار را شروع کردم. لرزش صدای من کاملاً مشهود بود و بابتش خجالت می‌کشیدم. بعد از گذشت مدت‌زمان کوتاهی، یکی از افراد دست بلند کرد تا سؤالی بپرسد. خودم را آماده کرده بودم که از من بپرسد که «کسی بهتر از شما نبود که بیاد و توضیح بده؟» اما سؤال مطرح‌شده این بود: «می‌خواستم بدونم از کجا به این نتیجه رسیدین که با این روش می‌تونید مقدار مصرف انرژی رو این‌قدر پایین بیارین؟» من همین‌طور به آن فرد خیره شده بودم و انگار صدایش را نمی‌شنیدم. سؤالش را دوباره تکرار کرد، چون من سکوت کرده بودم...

بعد از چند لحظه، به خودم آمدم و شروع کردم به توضیح دادن پروتکل اجرایی که به ما کمک کرده بود برای کاهش انرژی به این

نتیجه برسیم. چند نفر دیگر هم سؤال پرسیدند. من کمی راحت‌تر از قبل پاسخ می‌دادم و دیگر لرزش پاهایم را حس نمی‌کردم. بعد از سخنرانی من، زمان استراحت فرارسید و افرادی که سؤال پرسیده بودند، نزد من آمدند و گفتند کاری که انجام داده بودیم برایشان بسیار جالب بوده است، ولی مهم‌تر از آن، به این اشاره کردند که «شما خیلی خوب پروژه رو معرفی کردین و خیلی مسلط بودین!»

احساس کردم دارند مرا مسخره می‌کنند؛ ولی صحبت که ادامه پیدا کرد، متوجه شدم کاملاً جدی هستند.

چطور می‌توانستم خوب باشم؛ با دستانی عرق‌کرده، پاهایی لرزان، و صدایی که لرزشش را خودم به‌وضوح می‌شنیدم؟ پس چرا این‌ها متوجه نشده بودند؟

اینجا بود که حقیقت بزرگی برایم آشکار شد. دیگر پروژه برایم مهم نبود، بلکه فهمیدم تمام این ترس توهمی بود که خودم درستش کرده بودم و فقط هم خودم آن را می‌دیدم. ترس من مثل یک تصویر خیالی از چیزی بود که خودم برای خودم ساخته بودم و در دنیای بیرون من وجود نداشت و زمانی از بین رفت که خودم را در این شرایط قرار دادم.

همین ترس نشانه‌ای بود برای صحبت کردن در جمعی بزرگ‌تر؛ استعدادی که باید به من یادآوری می‌شد و سفیر این پیام، یک مار ترسناک بود.

آن‌قدر آزارت می‌دهد تا پیامش را بگیری!

داشتن یک پایان‌نامهٔ قوی و نمرات خوب در دانشگاه و یک مصاحبهٔ

کاری موفق باعث شد بلافاصله در شرکت هواپیمایی[1] اول کشور به‌عنوان مهندس پرواز شروع به کار کنم. خیلی خوشحال بودم که در چنین شرایطی قرار گرفته بودم؛ در جایگاهی که آرزوی بسیاری از افراد بود.

روزها می‌گذشتند و من بیشتر و بیشتر راجع‌به هواپیما، و اینکه سیستم‌ها در مدل‌های مختلف هواپیما چطور کار می‌کنند، اطلاعات کسب می‌کردم. این مسئله برایم خیلی لذت‌بخش بود و به‌سرعت پیشرفت می‌کردم.

ما دستورالعمل‌های خاصی برای برطرف کردن مشکلات احتمالی هواپیما داشتیم که کاملاً استاندارد بود، ولی بعد از مدتی انجام کار برایم سخت و یکنواخت شده بود و دیگر لذت گذشته را نداشت؛ چون یک نشانه را می‌دیدیم و اقدام لازم را انجام می‌دادیم و این اصلاً برای من کافی نبود، بلکه بسیار آزاردهنده بود و جذابیتی برایم نداشت؛ چون حس می‌کردم مانند یک روبات شده‌ام.

من کارهایی را انجام می‌دادم که باید انجام می‌شد و درست بودند، ولی دلیل کافی برای خودم وجود نداشت. بنابراین تصمیم گرفتم درک کاملی از فرایندی که انجامش می‌دهیم به دست بیاورم به‌جای اینکه فقط کار را انجام بدهم. کم‌کم رَوِشم را تغییر دادم و شروع کردم به شناخت فرایندها تا دلیل انجام هر کاری را درک کنم. برای همکارانم عجیب بود که چرا دارم این کار را انجام می‌دهم و زحمت اضافه برای خودم درست می‌کنم. البته، در مقابل، روش آن‌ها هم برای من عجیب بود. همیشه به خودم می‌گفتم چرا آن‌ها از خودشان سؤال نمی‌کنند که چرا باید این کار را انجام بدهم؟

همین‌طور که می‌گذشت، من بیشتر متوجه فرایندها می‌شدم و می‌توانستم

---

1. Airline

به‌وضوح آن‌ها را حس کنم. حتی زمانی که در هواپیما بودم، یا در حال پرواز، برای خودم شبیه‌سازی می‌کردم که الان کدام کامپیوتر در حال صحبت با کدام سیستم است و چه اتفاقی دارد رخ می‌دهد. وقتی که به فرایندها مسلط شدم، مسئلۀ مهمی توجهم را جلب کرد. من خطای درون یک سیستم را خیلی راحت تشخیص می‌دادم و این برایم خیلی عجیب بود. روزی این وضعیت را با زمان دانشگاهم مقایسه کردم و دیدم در مورد انسان‌ها هم این قابلیت را دارم و خطاهای سیستمی را خیلی راحت متوجه می‌شوم؛ مثلاً اینکه یک فرد کجای کارش اشتباه است که به هدف مورد نظر نمی‌رسد.

این شناخت توسط یک عامل برای من آشکار شد. چیزی که توجه مرا جلب کرد و نفهمیدنش آزارم می‌داد، تبدیل شد به نشانه‌ای برای تشخیص یک مهارت مهم: توانمندی یافتن خطا در یک سیستم.

امروز که در جایگاه یک کوچ شفافیت ذهنی قرار دارم، هنوز در مسیر خودم هستم و رسیدن به این مرحله از زندگی را مدیون نشانه‌هایی هستم که پیامشان را از زبان جهان هستی دریافت کرده‌ام:

توجه به عشق درون،
بازخوردهای پیرامون،
اشتیاقی فراتر از بُعد زمان،
ترس‌های در آغوش گرفته‌شده،
و آزاردهنده‌هایی که در جست‌وجوی توجه تو هستند.

درخشش در دلِ تاریکی

حرکت در مسیری مه‌آلود، وقتی فقط نورِ درونت راه را روشن می‌کند

دربارۀ نویسنده

محمـد مهـری مهنـدس پـرواز و کـوچ شـفافیت ذهنـی اسـت. او کـار خـود را از دنیـای مهنـدسی آسـمان آغـاز کـرد؛ دنیـایی کـه دقـت، مشـاهده و تحلیـل بی‌طرفانـه در آن حیـاتی بـود. پـس از سـال‌ها تجربـه در فضـای پـرواز، محمـد بـه یـک کشـف درونی رسـید: بسـیاری از پروازهـای زنـدگی، پیـش از آنکـه در آسـمان شکسـت بخورنـد، در ذهن انسـان‌ها سـقوط می‌کننـد. بـا همیـن بینـش، محمـد سـفر تـازه‌ای را آغـاز کـرد: سـفری بـه دنیـای رشـد فـردی و کوچینـگ.

محمـد مهـری امـروز بـا همـان دقـت یـک مهنـدس پـرواز، بـه افراد کمـک می‌کنـد تـا نقشـه‌های ذهنی‌شـان را بازخـوانی کننـد، موانـع پنهـان را بشناسـند و مسـیر شـفاف و موثـری بـرای موفقیـت طـراحی کننـد.

همچنیـن او نویسـندۀ کتـاب **دیدگاه‌هـایی دربـارۀ کوچینـگ**[1] اسـت کـه در آمـازون منتشـر شـده اسـت. داسـتان ایـن کتـاب ترکیبـی از علـم، هنـر و فلسـفۀ کوچینـگ اسـت و روایتگـر سـفری اسـت از زمیـن سـخت واقعیت‌هـا تـا افق‌هـای پرامیـد امکان‌هـا.

محمد باور دارد که کوچینگ، همانند مهندسی پرواز، هنر هدایت بی‌واسطه نیست، بلکه علم رشد و تسهیل خودرهبری در دیگران است. او با روش «کوچینگ شفافیت ذهنی» به افراد کمک می‌کند تا در میان آشفتگی‌ها و انتخاب‌های بی‌شمار، مسیر روشن خود را بیابند و با قدرت حرکت کنند.

امروز، محمد برای کسانی که جرئت دارند پرواز تازه‌ای را در زندگی‌شان آغاز کنند، نه فقط یک کوچ، بلکه یک همراه فکری و مهندس تحول درونی است.

راه‌های ارتباط با نویسنده:

📷 Mohamadmehri.coach
🌐 Mohamadmehri.coach
✉ Mohamadmehri.coach@gmail.com
📞 +۹۸ ۹۳۵ ۸۹۸ ۹۸۹۱

---

1. *Coaching Insights*

NORTHSTAR SUCCESS

Published by North Star Success Inc.

www.northstarsuccess.com

support@northstarsuccess.com

+1 647 479 0790

NORTHSTAR SUCCESS

با ما کتاب خود را بنویسید، منتشرکنید و به جهان عرضه نمایید!

ما تیمی از متخصصان صنعت نشر با بیش از ۲۰ سال تجربه، در تمام مراحل کنار شما خواهیم بود تا کتابتان را در سطح بین‌المللی منتشر کنید. هدف ما این است که با ارائه خدمات حرفه‌ای، بکوشیم تا کتاب شما به بهترین نحو دیده شود، اعتبار کسب کند و سودآوری داشته باشد.

RESILIENCE IN AN EVER-CHANGING WORLD

COACHING INSIGHTS

NEW REALITY, NEW RULES
HOW TO THRIVE IN THE POST-COVID WORLD
BRIAN TRACY

CHALLENGE TO TRIUMPH

THE COURAGEOUS MOVE
A COLLECTION OF INSPIRATIONAL IMMIGRANT STORIES

ROAD TO HUMAN FLOURISHING

CANADIAN SUCCESS
A COLLECTION OF SUCCESS STORIES OF SUCCESSFUL PERSIAN IMMIGRANTS

I JUST DIDN'T WANT TO SAY GOODBYE

RISE AND SHINE

RISE ABOVE ADVERSITY
BRIAN TRACY AND LEADING ENTREPRENEURS AND PROFESSIONALS

HALEH SAMIMI

BOUNCE BACK TO SUCCESS
BRIAN TRACY

دیدگاه هایی دربارهٔ کوچینگ

تاب آوری در دنیای همیشه در تغییر

جاده شکوفایی انسان

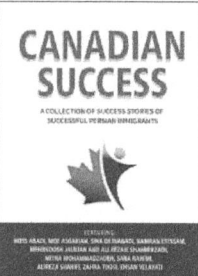

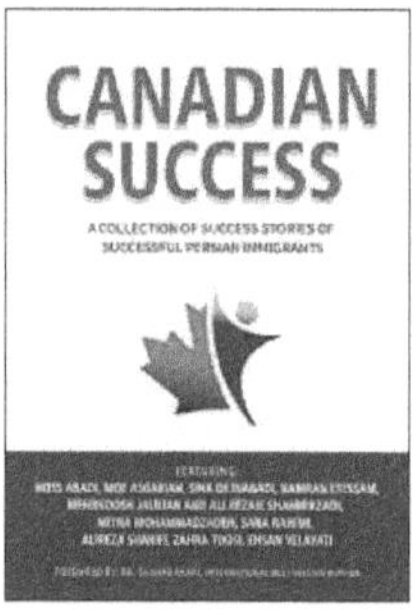